청소년의 건강행동을 위한 심리학적 개입

김진영 지음

Σ 시그마프레스

청소년의 건강행동을 위한 심리학적 개입

발행일 2016년 4월 25일 1쇄 발행

지은이 김진영
발행인 강학경
발행처 ㈜시그마프레스
디자인 우주연
편집 김은실

등록번호 제10-2642호
주소 서울특별시 영등포구 양평로 22길 21 선유도코오롱디지털타워 A401~403호
전자우편 sigma@spress.co.kr
홈페이지 http://www.sigmapress.co.kr
전화 (02)323-4845, (02)2062-5184~8
팩스 (02)323-4197

ISBN 978-89-6866-732-9

이 도서의 국립중앙도서관 출판시도서목록(CIP)은 서지정보유통지원시스템 홈페이지
(http://seoji.nl.go.kr)와 국가자료공동목록시스템(http://www.nl.go.kr/kolisnet)에서 이용
하실 수 있습니다.(CIP제어번호 : CIP2016009584)

최근 우리 사회 전반에 걸쳐 건강에 대한 관심이 높아지면서 정부도 '국민건강증진종합계획(Health Plan 2020)'을 통해 국민의 건강증진 및 질병예방을 위해 보다 적극적으로 개입하는 형태의 종합 정책을 추진하고 있다. 정부의 이러한 정책에서의 핵심목표는 '건강수명 연장'과 '건강형평성 제고'이다.

심리학이라는 학문의 매력 중 하나는 실제로 사람들의 삶을 행복하고 성숙한 방향으로 변화시키는 데 유익한 도움을 줄 수 있다는 점이다. 이런 점에서 심리학은 사람들이 보다 더 건강하게 생활할 수 있도록 돕는 데도 유용하게 활용될 수 있다.

사람들의 건강증진을 위해 심리학적 지식과 기술이 활용될 때 주된 초점은 사람들이 건강행동의 중요성을 이해하고 건강심리학적 지식을 바탕으로 합리적인 선택을 할 수 있도록 돕는 데 주어진다. 이 때 건강증진을 위한 심리학적 개입 과정에서 건강위험 행동이 나타나는 것을 미연에 예방하는 것은 중요한 목표 중 하나가 된다. 건강위험 행동은 건강에 바람직하지 않은 영향을 주는 생활습관이나 행동을 말하며 향후 심각한 건강문제를 야기할 수 있다는 점에서 변화를 위한 노력이 필요한 분야에 해당된다.

청소년기는 기본적으로 신체 발달이 급격하게 이루어지는 시기이다. 이런 점 때문에 청소년들은 자신의 몸의 변화에 매우 민감해하기도 한다. 또 청소년기는 생애에서 음주와 흡연 등의 건강위험 행동에 관한 경험이 처음으로 시작되는 시기에 해당된다. 특히 청소년기는 중요한 건강행동에서 평생 동안 지속될 습관이 형성되는 시기이기도 하다. 이런 맥락에서 청소년기는 건강심리학적인 개입의 필요성이 매우 중요한 시기라 할 수 있다.

현대 사회의 특성상 청소년들은 부상과 사고, 흡연, 알코올, 약물, 폭력, 자살, 성, 과도한 다이어트 등과 같은 각종 건강문제에 직면하게 될 기회는 증가하고 있으나 이러한 건강문제들에 대해 지혜롭게 대처할 수 있는 심리적 역량은 미비한 상태에 해당된다. 이런 점에서 청소년의 건강행동을 최적화하기 위한 목적에서 제공되는 프로그램이 효과를 거두기 위해서는 참여자 특성에 관해 각별한 주의를 기울일 필요가 있다.

"모든 사람에게 맞는 한 가지 사이즈는 존재하지 않는다(One size does not fit all)."는 말이 있다. 이러한 표현은 건강심리학적 개입 과정에서 '수용자 세분화(audience segmentation)'의 필요성을 시사한다. 수용자 세분화란 건강심리학 프로그램의 내용을 참여자의 욕구, 성격, 선호 경향 등을 고려해 재구성하는 절차를 말한다. 일반적으로 청소년들에게 건강 메시지를 전달할 때는 다른 대상들에게 전달할 때보다 더 세심한 설득 기법이 요구된다.

아동심리학자 데이비드 엘킨드(David Elkind)는 청소년기의 주요한 특징 중 하나로 '자아 중심성(adolescent egocentrism)'을 들었다. 청소년기의 자아 중심성은 자기 자신에 강하게 몰두함으로써 자신과 타인의 조망을 지혜롭게 구분하지 못하는 경향성을 뜻한다. 그는 청소년기의 자아 중심성이 '상상의 청중(imaginary audience)'과 '개인적 우화(personal fable)' 두 가지로 구성된다고 주장하였다.

상상의 청중이란 자기 행동이 늘 타인으로부터 관심을 받고 있다고 믿는 편향된 사고를 말한다. 청소년들이 또래들에게 멋있게 보이기 위해 도발적이거나 시선을 끄는 행동을 하거나 유치한 행동을 하는 것 등은 상상의 청중 현상에 해당된다. 이런 점에서 심리학자 존 샌트록(John W. Santrock)은 10대들에 대해 '완전히 똑같이 입고 다님으로써 완전히 다르게 보이고 싶어 하는 욕망을 지닌 존재'라고 평하기도 했다.

개인적 우화는 자신의 경험이 매우 독특하기 때문에 다른 사람은 절대로 자신을 이해하지 못한다고 믿는 것을 말한다. 개인적 우화가 지나치게 되는 경우, 청소년들은 무적감(immortality), 즉 자신은 특별하기 때문에 질병이나 불행한 사건들이 자신을 비켜갈 것이라는 비합리적인 신념을 갖게 될 수 있다. 이러한 무적감은 청소년기에 왜 건강위험 행동이 증가하게 되는지를 잘 설명해 준다.

널리 알려진 것처럼, 10대 청소년들은 지적인 면에서는 어느 정도 성장했지만 자신의 행동을 스스로 통제하거나 자신의 행동이 사회적으로 어떤 문제를 일으킬 수 있는지를 모니터링하는 능력, 그리고 감정적으로 판단하고 행동하지 않도록 평정심을 유지해 나가는 능력은 상대적으로 덜 발달한 시기에 해당된다. 이런 점 때문에 10대 청소년들은 자신의 삶에 대한 낙관적인 기대감 속에서 친구들로부터 '겁쟁이'라는 말을 듣지 않는 동시에 '멋진 친구'로 인정받기 위해서 다양한 형태의 건강위험 행동을 선택하는 경향이 있다.

무릇 국가의 장래는 미래에 국가의 주역이 될 청소년의 신체적 건강과 정신건강에 달려 있는 법이다. 이런 점에서 청소년이 신체적으로도 건강하고 정신적으로도 건강하게 자라날 수 있도록 교육하는 것은 국가의 중요한 책무 중 하나라고 할 수 있다. 그런데 기본적으로 청소년의 건강증진 문제는 청소년 개인의 노력만으로는 효과적으로 달성하기 어려운 난제에 해당된다. 바로 그렇기 때문에 가정, 학교, 그리고 지역사회 간 체계적인 협력이 필요한 사안이라고 할 수 있다. 비유적으로 표현하자면, 한 청소년을 건강하게 키우려면 온 마을이 모두 다 나서야 하는 것이다.

최근 긍정심리학이 전 세계적으로 전파되면서 청소년의 긍정적 정신건강(positive mental health)의 중요성에 대한 관심도 높아지고 있다. 이 책에서는 긍정심리학적인 관점에서 먼저 메시지 프레이밍과 긍정적 정신건강 그리고 건강행동 간 관계에 관해 소개하고, 메시지 프레이밍과 긍정적 정신건강의 개념을 바탕으로 청소년 건강행동의 최적화 전략을 위한 심리학적 접근을 제시한다.

마지막으로, 이 책이 세상에 나올 수 있도록 적극적으로 도와주신 ㈜시그마프레스의 강학경 사장님, 조한욱 차장님, 그리고 김은실 과장님에게 감사의 마음을 전한다. 아울러 이 책은 2011년 정부(교육부)의 재원으로 한국연구재단의 지원을 받아 수행된 연구 보고서(KRF-2011-812-B00131)를 토대로 작성되었음을 밝히며, 한국연구재단에도 감사를 드린다. 부디 이 책이 청소년들이 지금보다 조금 더 신체적으로 그리고 정신적으로도 건강한 삶을 사는 데 조금이나마 기여할 수 있기를 바란다.

2016년 4월
봄빛이 화사한 서울여대 캠퍼스에서
김진영

차례

제4장 │ 청소년 건강행동의 최적화와 멘탈 휘트니스

제5장 │ 청소년 건강행동의 최적화 전략

제6장 │ 청소년 건강행동의 최적화 전략의 사회적 의의

1

들어가는 글*

*이 저서는 2011년 정부(교육부)의 재원으로 한국연구재단의 지원을 받아 수행된 연구임(KRF-2011-812-B00131).

청소년은 역사적으로 정신 및 신체적 건강 관련 연구 영역에서 상대적으로 사회적 관심이 적게 주어진 영역이라고 할 수 있다 (Williams, Holmbeck, & Greenley, 2002). 아마도 그 주요한 이유 중 하나는 다른 연령대에 비해 이환율(morbidity rate)과 사망률(mortality)이 상대적으로 낮기 때문으로 생각된다(Holden & Nitz, 1995). 이환율은 어떤 일정한 기간 내에 발생한 환자수를 인구수로 나눈 값을 말한다.

현재 우리나라에서는 보건복지부의 건강 증진기금 사업을 비롯하여 청소년들이 최적 수준의 건강행동을 나타낼 수 있도록 다각적인 노력을 기울이고 있다. 하지만 청소년 건강 실태에 관한 많은 연구 결과들은 우리에게 끊임없이 경고 신호를 보내고 있다.

통계청(2000~2012)의 사망 원인 자료에 따르면, 2000년을 기점으로 해서 자살이 우리나라 청소년 사망 원인 중 1위를 차지하는 것으로 나타났다. 특히 10대 청소년 사망자 중에서 자살자가 차지하는 비율은 2000년에서 2010년 사이에 무려 2배나 증가한 것으로 나타났다.

또 여성가족부(2012)의 청소년 유해환경 접촉 종합실태조사에 따르면, 청소년이 환각 물질을 사용하는 비율은 과거 1~2% 수준에 머무르던 것에 비해 2012년에는 무려 5.9%로 약 3배 증가한 것으로 나타났다. 그리고 청소년보호위원회(2000)에서 청소년들의 흡연율을 조사한 결과에 따르면, 지난 20년간 우리나라 성인의 흡연율은 꾸준히 감소한 반면 청소년의 흡연율은 오히려 증가하는 추세에 있는 것으로 나타났다. 특히 고등학생보다는 중학생이, 남학생보다는 여학생의 흡연율이 더 크게 증가하였다.

1999년에 보건복지부에서 건강 증진기금 사업의 일환으로 근로 청소년을 포함한 전국의 청소년 3,943명을 대상으로 음주 실태를 알아

본 결과, 전체 응답자 중 65.7%가 현재 술을 마시고 있다고 응답했으며, 과거에 술을 마신 적이 있다고 답변한 청소년은 72.4%였다(한성현, 2000). 특히 14세에서 16세 사이에 처음으로 술을 마셨다고 대답한 청소년이 전체의 45%에 달하고 있어, 중학생 시기에 이미 상당수의 학생들이 음주를 경험하는 것으로 나타났다. 또 음주를 경험한 대부분의 청소년이 음주로 인한 신체적, 심리적, 그리고 사회적인 부정적 영향을 경험했다고 응답하였다. 한편 응답자의 4.1%가 의존성약물을 사용한 경험이 있다고 대답했으며 무려 36.9%의 응답자가 비의존성약물을 사용한 적이 있다고 답하였다.

최근에 보건복지부(2011)는 전국의 초·중·고등학교 학생들의 건강검진 결과를 바탕으로 고도비만 학생 비율을 조사하였다. 그 결과, 고도비만 학생 비율은 2000년 이후로 전반적으로 증가 추세에 있는 것으로 나타났다.

그리고 청소년보호위원회(2002)가 전국 중·고등학교 남녀 재학생 13,051명, 전국 특수집단 청소년(가출 청소년 및 소년원에 재소 중인 청소년) 1,406명을 대상으로 유해환경 접촉 실태를 조사한 결과에 따르면, 우리나라 중·고등학생의 약 51%가 음란 비디오를 시청한 적이 있으며, 또 약 52%가 인터넷 음란 사이트에 접속한 적이 있는 것으로 나타났다. 특히 특수집단 청소년들의 경우에는 약 80%가 음란 비디오를 시청한 적이 있으며, 또 약 70%가 인터넷 음란 사이트에 접속한 적이 있는 것으로 나타났다.

청소년들의 실제 성행동 경험을 조사한 서울가정법원 소년자원보호자협회의 설문 결과에 따르면, 청소년들의 약 17%가 성경험이 있는 것으로 나타났다(한국경제, 2003). 특히 비행청소년들의 성경험은 훨씬

더 높은 것으로 나타났는데, 남자의 경우 57.4%, 여자의 경우 82.1%
가 성관계를 가진 적이 있는 것으로 응답하였다. 또 1999년의 보건복
지부 조사에서는 여자 근로청소년의 경우 4.7%가 임신 경험이 있는 것
으로 응답했으며, 청소년 성경험자의 39.4%만이 피임도구를 사용한
것으로 나타났다(한성현, 2000).

1999년에 보건복지부의 건강 증진기금 연구에서 대도시와 농촌지역
의 중·고등학교에 재학 중인 청소년을 대상으로 식생활을 조사한 바
에 따르면, 조사대상자의 50% 이상에서 칼슘, 철분, 비타민 B2 영양소
의 섭취량이 권장량의 75%에 미치지 못하는 것으로 나타났다(백희영,
2000). 특히 조사대상자들이 선호하는 음식은 닭튀김, 라면, 삼겹살 등
이었고 자주 먹는 간식은 과자 및 스낵류, 아이스크림 등 주로 지방과
콜레스테롤 함유량이 높은 음식들이었다. 또 하루 중에 1끼 이상 결식
하는 학생은 전체 대상자의 26.3%였고 주로 아침의 결식 비율이 가장
높았으며, 이들은 간식으로 지방과 콜레스테롤 함량이 높은 음식을 먹
는 것으로 나타났다.

2002년에 교육인적자원부는 전국 480개교에서 115,023명의 학생
을 표본 대상으로 신체검사(체격검사)를 실시하였다. 그 결과, 우리나
라의 청소년들의 신체발육 상황은 지속적으로 향상되어 온 반면에 체
력은 오히려 점차 쇠퇴하고 있는 것으로 나타났다(교육인적자원부,
2003).

일상의 건강 습관들(예컨대, 흡연, 음주, 운동, 식습관) 및 그에 대한
즉각적인 결과(예컨대, 비만)가 산업 국가의 사망률과 이환율의 주요
한 근원이 된다는 점(Smith, Orleans, & Jenkins, 2004)을 감안해 볼 때,
현재 우리나라 청소년들의 건강 실태는 이미 적신호가 켜져 있는 상태

임을 알 수 있다. 하지만 다행히도 건강 문제의 행동수정에 관한 연구 결과들은 건강행동상의 문제들이 적절한 심리학적 개입을 통해 충분히 변화될 수 있다는 점을 보여준다(Dubbert, 2002).

만약 사람들이 보다 건강한 행동을 선택할 수 있도록 설득할 수 있다면, 질병 및 건강상의 문제로 인한 이환율과 사망률을 실질적으로 감소시킬 수 있을 것이다(U.S. Department of Health and Human Services, 1991). 따라서 건강심리학자들은 오래전부터 건강 보호 행동을 이끌어낼 수 있는 최적의 메시지를 전달하는 방법을 개발하는 데 많은 노력을 기울여 왔다(Detweiler, Bedell, Salovey, Pronin, & Rothman, 1999). 그 과정에서 사회적 인지에 관한 많은 건강심리학적인 연구들은 설득적인 메시지를 개발하기 위한 다양한 전략들을 제시하였다(Petty & Wegner, 1998).

Crum과 Langer(2007)의 흥미로운 실험은 어떤 메시지 전략을 사용하는지가 건강행동 영역에서 얼마나 중요한 역할을 할 수 있는지를 잘 보여준다. 그들은 방 하나를 청소하는 데 20~30분이 걸리는 호텔객실을 평균 15개 청소하는 호텔 청소부들을 두 집단으로 나누었다. 그 후 한 집단에는 운동의 유익함을 강조하는 메시지를 주면서 청소일 역시 분명한 운동 효과가 있다고 알려주었다. 그리고 나머지 한 집단에는 운동의 유익함을 강조하는 메시지를 주면서 청소일이 운동 효과가 있다는 점을 알려주지 않았다. 그 결과, 첫 번째 집단의 청소부들은 청소일을 하면서 스스로 운동을 하고 있다는 믿음을 갖게 되었지만 또 다른 집단은 같은 일을 하면서도 그러한 믿음을 갖지는 못했다. 4주 후 청소일이 운동 효과가 있다는 메시지를 전달받은 집단은 그렇지 않은 집단보다 약 0.8kg 정도 몸무게가 줄어들었다. 다시 말해서 청소일이 운동 효과가 있다는 메시지를 전달받지 못했던 집단은 체중변화를 보이지 않은 반면, 그러한 메시지를 전달받은 집단에서만 체중감량이 나타났다는 것이다. 이러한 효과는 실제로 몸무게의 변화를 가져왔기 때문에 단순히 위약 효과라고 보기는 어렵다(Heath & Heath, 2010).

하지만 비록 어떤 **건강 메시지**가 특정 영역의 **건강행동**을 증진하는 데 효과적인 것으로 나타나더라도 그러한 결과를 일반화할 수 있도록 이끌어 주는 이론적인 틀을 개발하는 것은 결코 쉽지 않다(Rothman, Martino, Bedell, Detweiler, & Salovey, 2003). 이런 점에서 메시지 프레이밍(message framing)은 이론적 기반이 충실하게 다져진 대표적인 설득기법 중 하나라고 할 수 있다.

메시지 프레이밍이란 메시지를 전달하는 과정에서 동일한 내용을 긍정적 혹은 부정적 형식으로 다르게 재구성하는 절차를 의미한다(Kahneman & Tversky, 1979). 예를 들면, 긍정적으로 프레이밍된 메시지란 특정 행동을 할 경우 얻게 될 신체적·심리적 혜택을 강조하는 형식으로 메시지를 재구성하는 것이고, 부정적으로 프레이밍된 메시지란 특정 행동을 하지 않을 경우 신체적·심리적 손실을 입을 수 있다는 점을 강조하는 형식으로 메시지를 재구성하는 것을 말한다.

전망이론(prospect theory; Kahneman & Tversky, 1979, 1982, 1984)에서는 메시지들이 어떻게 프레이밍되는가에 따라 그러한 메시지들에 대한 사람들의 반응 역시 달라진다고 주장한다. 다시 말해 동일한 주장이라 하더라도 메시지를 어떻게 구성하느냐에 따라 사람들에 대한 설득 효과가 달라진다는 것이다.

청소년의 건강행동을 최적화하기 위한 목적에서 제공되는 메시지는 일반적인 상업 광고의 메시지와는 달라야 한다. 일반적인 상업 광고에서는 제품의 기능적인 특성을 중심으로 소비자들에게 호소하기 때문에 상대적으로 가치관의 문제가 덜 개입된다. 예를 들면, 새로 개발된 첨단 전자 제품을 미국과 한국의 소비자들에게 광고하는 데는 가치관의 문제가 개입될 여지가 크지 않다. 하지만 제품 광고와는 달리 건강 메시지는 그 자체가 가치 지향적인 특성을 갖는다(Ugland, 1989).

건강 메시지를 사람들에게 전달할 때는 일반적인 상업 광고보다 더 세심한 설득 기법이 요구된다. 왜냐하면 건강문제의 경우, 대부분의 사람들은 이미 건강 증진 행동의 장단점을 충분히 인식하고 있는 상태에 있다. 하지만 그럼에도 불구하고 건강 증진 행동이 미흡하게 나타나는 이유는 만성적인 불감증이 영향을 주기 때문이다(Kotler& Roberto, 1989). 그 대표적인 예가 바로 흡연 문제이다.

사실상 오늘날 흡연이 건강에 치명적인 악영향을 준다는 점을 모르는 사람은 거의 없을 것이다. 이런 점에서 Schlinger(1976)에 따르면, 공익 목적의 건강 메시지는 주로 거의 변화할 것 같지 않은 대상 또는 변화에 저항적이거나 중요성을 인식하지만 실감나게 느끼지는 못하는 대상들을 목표로 해서 전달되는 경향이 있다. 따라서 건강한 행동을 수행하도록 사람들을 설득하는 것은 단순히 정보를 전달하는 것 이상의 과정을 포함하고 있어야 한다(Schneider et al., 2001). 메시지 프레이밍은 바로 이러한 목적을 위해서 유용하게 활용될 수 있다. 왜냐하면 메시지 프레이밍은 단순히 정보를 제시하는 차원을 넘어서 정보의 전달형식을 재구성하는 적극적인 과정을 포함하고 있기 때문이다.

전망이론에서는 모든 건강 메시지들이 잠재적 이득(예컨대, 운동의 혜택) 또는 잠재적 손실(예컨대, 시간과 비용의 투자)의 형태로 프레이밍될 수 있다고 가정한다. 예를 들면, "만약 당신이 의사의 조언대로 규칙적인 운동을 한다면 건강하게 생활할 수 있습니다."라는 의학적인 권고는 이익-프레이밍 메시지에 해당된다. 이와는 대조적으로 "만약 당신이 의사의 조언과는 달리 규칙적인 운동을 안 한다면, 당신은 조만간 건강을 해치게 될 것입니다."는 손실-프레이밍 메시지가 된다.

전망이론에 따르면 사람들은 이익이 부각되는 상황에서 위험 요소를 회피하려는 경향성(예컨대, 자외선 차단제의 사용)이 증가하게 된다. 반면에 손실이 강조되는 조건에서는 위험성을 내포하고 있는 의사결정(예컨대, 건강검진을 받는 것)에 대한 수용성이 증가하게 된다. 전망이론에서는 비록 메시지들에 의해 전달되는 정보가 사실상 동일하더라도 메시지가 어떻게 프레이밍되느냐에 따라 바람직한 결과를 얻거나 부정적인 결과를 회피하기 위해 위험을 감수하는 정도가 달라진다고 가정한다. 메시지 프레이밍을 이용한 많은 연구들에 따르면, 메시지 프레이밍이 다양한 건강 증진 행동에 유의미한 영향을 주는 것으로 보인다(Rothman & Salovey, 1997; Salovey, Rothman, & Rodin, 1998).

비록 메시지 프레이밍 절차 등의 메시지 전략이 건강행동 증진에 기여할 수 있을지라도 그 효과가 언제나 보장되는 것은 아니다. 수용자 특성에 따라 건강행동 관련 메시지들은 역효과를 내기도 한다(Boomerang ads, 2005). 한 연구에서는 필라델피아 지역의 418명의 학생을 두 집단으로 나눈 뒤, 한 집단에는 마약 예방 캠페인 광고를 보여주고 나머지 집단에는 일반 광고를 보여주었다. 그 결과, 학생들 중 일부에서는 마약 예방 캠페인 광고물이 일반 광고물보다 오히려 마약 사용을 촉진하기도 했다. 이러한 역효과는 수용자 특성과 밀접한 관계가 있었다. 마리화나에 대해서 우호적인 성향을 가지고 있던 학생들은 마약 예방 캠페인 광고의 메시지를 신뢰하지 않을 뿐만 아니라 오히려 무시하고 반항하는 모습을 보였다. 이러한 결과는 건강메시지를 전달할 때 수용자의 정신건강 관련 특성을 함께 고려할 필요가 있음을 보여준다.

일반적으로 건강 증진 프로그램의 맥락에서 사용되는 메시지 프레이밍 절차는 수용자 특성이 중재변인의 역할을 하는 것으로 알려져 있다(이명천, 나정희, 김지혜, 2006; 조형오, 김병희, 1999). 그리고 신체적 건강과 정신건강 간 연관성을 고려해 볼 때, 메시지 프레이밍 절차에 영향을 주는 수용자 특성에서 정신건강 변인은 중요한 변인 중 하나라고 할 수 있다. 이런 점에서 수용자의 긍정적 정신건강 수준과 유형이 메시지 프레이밍 절차가 청소년의 건강 증진에 기여하는 과정을 중재할 가능성을 고려할 필요가 있어 보인다. 이는 청소년 건강의 최적화를 위해서는 수용자의 정신건강을 고려한 형태의 메시지 프레이밍이 이루어질 필요가 있음을 시사해 준다.

최근 **긍정심리학**이 전 세계적으로 전파되면서 정신건강 분야에서도 **긍정적 정신건강**(positive mental health)에 대한 관심이 높아지고 있다. 정신건강 영역에서 이러한 긍정적 정신건강에 대한 체계적인 접근이 이루어지기 시작한 것은 Jahoda(1958)가 기존의 문헌들을 종합적으로 정리하여 긍정적 정신건강의 준거를 제시하면서부터였다. Jahoda(1958)는 긍정적 정신건강의 여섯 가지 기준을 제시하였다. 그것은 '자기에 대한 태도', '성장, 발달, 그리고 자기실현', '통합성', '자율성', '현실적 지각', 그리고 '환경에 대한 통제'이다.

그 후에 Knutson(1963)은 긍정적 정신건강의 사회적 확산을 위해서는 정신병리 분야의 전문가뿐만 아니라 사회과학과 인문학 등 다양한 분야의 전문가들이 공동으로 참여할 수 있도록 하는 것이 중요하다고 주장하였다. 이런 맥락에서 그는 정신건강 전문가들이 정신건강이라는 표현을 대체할 수 있는 새로운 개념을 모색하는 것이 필요하다고 제안하였다.

McCarthy(1964)는 Knutson(1963)의 제안에 대한 답변으로 '**멘탈 휘트니스**(mental fitness)'라는 신개념을 제안하였다. McCarthy(1964)는 긍정적 정신건강을 멘탈 휘트니스로 명명하면서 이러한 표현이 다음의 두 가지 점에서 유용하다고 주장하였다. 첫째, 멘탈 휘트니스는 개념상 신체적인 휘트니스의 대응물(counterpart)이 된다는 점이다. 이런 점에서 멘탈 휘트니스라는 표현은 마치 신체적인 휘트니스를 통해 신체적인 건강을 획득 및 유지할 수 있는 것처럼, 체계화된 정신적 훈련과정을 통해 긍정적 정신건강 역시 성취될 수 있음을 시사한다. 둘째, 멘탈 휘트니스는 정신건강에 비해 정신의학과의 연계성이 상대적으로 낮다. McCarthy(1964)에 따르면, 멘탈 휘트니스는 정신과 의사와 심리학자뿐만 아니라 다양한 영역의 학자들이 동참할 수 있을 정도로 중립적인 개념에 해당된다.

이러한 맥락에서 본서에서는 메시지 프레이밍과 긍정적 정신건강 그리고 건강행동 간 관계를 소개하고자 한다. 본서에서 주로 이 세 가지 개념에 초점을 맞추는 이유는 다음과 같다.

첫째, 미래의 심리학이 건강행동 문제를 다루는 데 지금보다 더 큰 주안점을 두어야 할 필요성 때문이다. 인간의 건강행동 문제는 독특한 특성을 가지고 있다. 건강행동은 본질적으로 실증적인 형태의 검증가능성이 높은 영역이라는 점이다.

심리학은 발전가능성이 무궁무진한 학문이지만 심리학이 기초학

문에 머물지 않고 세상을 바꾸기 위한 실천적 힘을 갖기 위해서는
'TBU(True But Useless: 사실이지만 쓸모없는)'의 함정에 빠지지 않도
록 경계할 필요가 있다. 사실 인간의 문제행동을 변화시킴으로써 삶을
더 성숙하고 적응적으로 바꿀 수 있다고 알려진 심리학적 개입 기법들
을 소개하는 연구들은 대단히 많다. 문제는 그럼에도 불구하고 그러한
연구들이 실제 삶의 문제들에 대해 실효성을 나타냈는지는 의문이라
는 점이다. 예를 들면, 스트레스에 효과적으로 대처할 수 있다고 알려
진 심리학적 기법들은 많다. 그러한 기법이 논문으로 발표된 것은 이
미 수십 년도 더 지난 과거의 일이다. 하지만 과연 인간의 실제 삶이 그
러한 논문이 발표되기 전에 비해 스트레스를 더 적게 경험하는 쪽으로
변화했는지는 의문이다.

이러한 문제와 관련해서는 다양한 해석이 가능하겠지만, 중요한 측
면 중 하나는 많은 심리학 연구가 TBU의 덫에 빠져 있다는 점을 들 수
있다. 실제 삶이 변하지 않았다고 해서 관련 주제를 다루는 수많은 논
문들에 담겨 있는 내용을 거짓이라고 비판하기는 어렵다. 모든 논문은
일정 한계 내에서 타당성을 갖추고 있기 때문이다. 하지만 그러한 논
문들의 성과가 현실에 적용될 수 있을 만큼의 유용성을 확보하고 있지
못하다면 제아무리 타당성을 갖추고 있다 하더라도 비판을 면하기는
어렵다.

근원적으로 심리학에서 이러한 문제가 파생되는 이유는 심리학이
연구 대상으로 삼는 영역이 보이지 않는 마음의 세계를 다룬다는 점
과 밀접한 관계가 있다. 심리학적 개입 과정에서 주요한 목표행동으
로 삼는 행복감, 우울감, 불안감, 외로움 등은 내현적인 행동에 해당
된다. 이처럼 내현적인 행동은 당사자가 아닌 다른 사람들이 관찰하

기 어렵다.

반면에 건강행동은 상대적으로 외현적인 특징을 갖는다. 건강행동에서 주로 다루는 비만과 다이어트 행동, 금연, 금주, 운동, 감기, 그리고 각종 건강 증진 행동들은 심리학적 개입의 효과를 객관적으로 관찰하는 것이 가능하다. 따라서 각종 건강 증진 관련 행동들은 심리학적 개입 프로그램의 실효성을 평가하는 시금석 역할을 할 수 있을 것으로 기대된다.

둘째, 심리학적 개입 프로그램에서의 메시지 프레이밍의 중요성 때문이다. 현대 사회에서 심리학적 개입 프로그램이 직면하고 있는 어려움은 주로 사람들이 만성적인 불감증을 경험하고 있거나 뿌리 깊은 편견을 갖고 있는 문제행동들을 다루게 된다는 점이다. 따라서 심리학적 개입 프로그램에서는 세심한 설득 기법이 요구된다. 이런 점에서 Thaler와 Sunstein(2008)이 제시한 '넛지(Nudge)'라는 기법은 심리학적 개입 프로그램들에 매우 중요한 시사점을 제공해 줄 수 있다. 넛지는 일반적으로 사람들이 자연스러운 조건하에서는 선뜻 선택하지는 않지만 약간의 자극을 주어 실제로 선택을 하게끔 유도하기만 하면 결과적으로 극적인 효과를 거둘 수 있는 개입기법을 말한다. 이런 점에서 넛지는 마치 우공이산(愚公移山)의 고사를 떠올리게 한다. 우공이산은 어리석은 노인이 실제로 산을 옮겨 놓는다는 의미이다. 이것은 남 보기에는 미련하거나 효과가 없어 보이지만, 꾸준히 실천할 경우 언젠가는 목적을 달성할 수 있음을 일깨워준다. 이러한 넛지는 메시지 프레이밍의 대표적인 예에 해당된다.

Thaler와 Sunstein(2008)은 사람들이 지혜로운 선택을 할 수 있도록 돕는 맥락을 연출해내는 사람을 '선택설계자(choice architect)'라고 불렀다. 이런 점에서 심리학적 개입 프로그램 진행자는 일종의 선택설계 자라고 할 수 있다.

셋째, 심리학적 개입 프로그램에서 긍정심리학적 원리가 차지하게 될 중요성 때문이다. 지금까지 심리학적 개입 프로그램은 부적응적인 형태의 문제행동을 나타내는 사람들을 돕는 데 주로 초점을 맞춰왔다. 하지만 부적응적인 문제를 나타내는 사람들은 상대적으로 소수에 해 당된다.

어떤 의미에서 건강 관련 부적응적인 행동의 문제를 다루는 심리학 적 개입 프로그램은 학습부진의 문제를 다루는 교육 프로그램의 역할 과 유사한 데가 있다. 건강 관련 부적응 문제와 학습부진 문제는 특별 히 생물학적인 문제가 있지 않다면, 누구라도 노력을 통해 문제 상황 을 개선하는 것이 가능하지만, 그러한 잠재력을 가지고 있는 사람들 중 오직 소수만이 실제로 문제를 개선해내는 특징을 공유한다.

만약 어떤 학생이 학습부진 문제로 고민하고 있는 경우, 그 학생에 게 반드시 평균적인 학생들이 갖고 있는 학업 기술만을 가르쳐줘야 할 이유는 없다. 상황에 따라서는 우등생들이 활용하는 학업 기술이 학업 이 부진한 학생들에게 커다란 도움을 줄 수 있다. 왜냐하면 반에서 성 적이 평균 수준인 학생들이 실천하는 공부법보다는 우등생의 공부법 이 더 효과적인 학습 방법에 해당될 수 있기 때문이다. 이처럼 학습법 을 선택하는 문제는 학업이 부진한 학생이 다음 번 목표 등수를 정하 는 문제와는 별개의 일이다. 목표는 점진적으로 높여 가더라도 학습 방법만큼은 가장 효과적인 방법을 활용하는 것이 지혜로운 일이기 때 문이다.

이러한 원리는 신체적 건강 및 정신건강 관련 심리학적 개입 프로그램에서도 마찬가지로 적용될 수 있다. 정신건강 프로그램을 예로 든다면, 학습 프로그램에서처럼 정신건강 프로그램에서도 개입의 목표는 점진적으로 높여나가되, 그 때 활용하게 될 기술만큼은 가장 효과적인 기술을 활용하는 것이 지혜로운 일이 될 것이다. 긍정심리학적 원리 (고영건, 김진영, 2012)에 따르면, 누군가가 정신적으로 병들지 않도록 하는 데 필요한 기술과 그 사람이 정신적으로 건강한 사람이 되도록 돕는 데 필요한 기술은 다른 것일 수밖에 없다. 하지만 한 걸음 더 나아가 생각해 본다면, 누군가가 정신적으로 병들지 않도록 하는 데 필요한 가장 효과적인 기술 역시 그 사람이 정신적으로 건강한 사람이 되도록 돕는 기술일 수밖에 없다.

기존의 심리학적인 개입 방법이 'TBU'의 함정에서 빠져나오지 못하게 원인 중 일부도 이처럼 긍정심리학적인 원리가 실현되지 못했던 점과 깊은 관계가 있는 것으로 보인다. 기존의 심리학적 개입방법이 논문에서는 효과성을 입증할 수 있었음에도 불구하고 현실에서는 상대적으로 유용성을 의심받게 된 이유 중 하나는 다음과 같이 요약할 수 있다. 비유적으로 표현하자면, 학습부진아에게 우등생의 공부 방법을 알려준 것이 아니라, 평균 수준의 성적을 나타내는 학생, 즉 학습부진의 문제가 없는 일반 학생들이 활용하는 공부 방법을 알려준 것이다. 하지만 가장 효과적인 공부 방법에 대해 가장 잘 알고 있는 사람이 우등생이듯이, 효과적인 정신건강 기술 역시 정신적으로 건강한 사람이 활용하는 기술이라고 할 수 있다.

이상의 논의를 바탕으로 본서에서는 청소년의 건강행동을 증진할 수 있는 심리학적 개입 방법으로 메시지 프레이밍과 긍정심리학적 원리를 소개하고자 한다. 이를 위해 먼저 메시지 프레이밍과 긍정적 정신건강 그리고 건강행동 간 관계에 관해 설명한 후, 메시지 프레이밍과 긍정적 정신건강의 개념을 바탕으로 청소년 건강행동의 최적화 전략을 제시하고자 한다.

2

청소년 건강행동의
최적화 필요성

1. 한국 사회에서의 청소년 건강행동 현황

1) 청소년 비만 및 운동 부족 문제

(1) 청소년 비만

비만은 에너지 섭취량과 에너지 소비량 간 불균형으로 인해 체내 지방이 필요 이상으로 과다하게 축적되어 있는 상태를 뜻한다. 이러한 비만은 각종 질병 및 사망의 위험요인일 뿐 아니라 개인의 행동양식 및 심리사회적인 면에도 영향을 미치는 중요한 건강위험요인 중 하나다(임희진, 박형란, 구현경, 2009). 비만은 삶의 어느 시기에서나 나타날 수 있지만, 특히 신체적·정신적으로 급격한 변화가 일어나는 아동 및 청소년기에 많이 발생하는 것으로 알려져 있다(문형남, 홍수정, 서성제, 1992). 또 아동 및 청소년기에 시작된 비만은 지방세포의 크기만 증가하는 성인 비만과 달리, 지방세포의 크기와 지방세포의 수 모두가 증가하는 특성을 가지고 있어서 약 80% 정도가 성인 비만으로까지 이행하는 것으로 보고되고 있다(오상우, 2008).

아동 및 청소년의 비만은 전 세계적인 현상으로 현대사회의 가장 심각한 건강 문제 중 하나이다(임희진, 박형란, 구현경, 2009). 미국 및 영국 등과 같은 서구 국가들과 일본 및 중국 등과 같은 아시아 국가들 등에서 20~30년 사이에 비만 유병률이 3배 이상 증가하였다(백설향, 2008). 이러한 아동 및 청소년 시기의 비만은 대부분 성인기 비만으로 연결되는 경향이 있다(Guo & Chumlea, 1999). 따라서 아동 및 청소년 시기의 비만은 다음 세대의 의료비 부담을 증가시킬 위험성이 크다 하겠다(김혜련, 2008).

우리나라에서도 영양 섭취의 불균형, 신체활동의 감소로 아동 및 청소년의 비만이 빠르게 증가하고 있다. 많은 연구들(박경자, 2001; 이진복, 이정오, 김성원, 강재헌, 양윤준, 2000; 조규범, 박순복, 박상철, 이동환, 이상주, 서성제, 1989)은 우리나라 아동 및 청소년의 비만율이 증가 추세에 있는 것으로 보고하고 있다. 특히 1979년부터 1996년까지 18년간의 비만도 추이를 살펴본 결과, 초등학교 남학생의 경우 4.6배 그리고 여학생의 경우 3.2배 증가하였다(강윤주, 홍창호, 홍영진, 1997).

한국청소년정책연구원에서 전국의 초등학교 4학년에서 고등학교 3학년 학생 총 10,156명을 대상으로 진행한 아동 및 청소년 비만 실태 조사 결과(임희진, 박형란, 구현경, 2009)에 따르면, 전체 남학생의 비만율은 10.6%였고 여학생의 비만율은 4.9%였다. 남학생은 연령이 증가함에 따라 비만율이 증가하는 경향을 보였고, 여학생은 중학교 시기에 비만율이 감소하다가 고등학교 시기에 다시 증가하는 경향을 나타냈다(그림 2-1 참조).

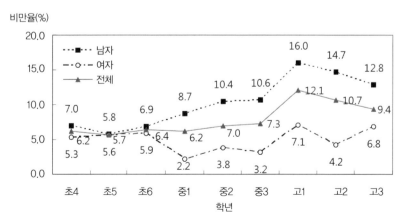

그림 2-1 청소년의 비만율 분포

실제 비만율은 남학생(10.6%)이 여학생(4.9%)보다 더 높았지만 주관적으로 본인이 과체중이거나 비만이라고 생각하는 아동 및 청소년의 비율은 남학생 36.6% 그리고 여학생 44.4%로 여학생이 더 많았다. 이러한 결과는 남녀 학생 모두 주관적으로는 자신이 본인의 실제 모습보다 상대적으로 더 과체중인 것으로 인식하고 있었음을 보여준다.

우리나라 아동 및 청소년이 비만 문제와 관련해서 부적절한 형태의 체중 감소를 시도하는 비율은 대단히 높은 것으로 보인다. 비만으로 인한 체중 감소 시도자 중에서 단식, 의사 처방 없이 살 빼는 약·복용, 설사제 또는 이뇨제 복용, 식사 후 구토, 한 가지 음식만 먹는 다이어트 등의 부적절한 방법으로 체중 감소를 시도한 적이 있는 사람의 비율은 남학생 11.6% 그리고 여학생 19.7%에 달하는 것으로 나타났다. 이러한 형태의 부적절한 체중 감소 경험률은 여학생(초 10.0%, 중 18.9%, 고 24.8%)이 남학생(초 13.6%, 중 10.7%, 고 10.9%)보다 높고, 특히 여자고등학생 체중 감소 시도자 4명 중 1명은 부적절한 방법을 경험하고 있는 것으로 나타났다.

아동 및 청소년의 비만예방프로그램에 대한 요구도를 살펴보면, 초등학생의 61.2%, 중학생의 57.7%, 고등학생의 59.3%가 비만 관련 건강 프로그램이 필요하다고 응답하였다. 하지만 실제로 이러한 비만 프로그램에 참가한 적이 있는 초등학생은 6.4%, 중학생은 3.7%, 고등학생은 2.1%에 불과한 것으로 나타났다.

최근에 보건복지부(2011)에서는 초·중·고등학교 학생들의 건강검진 결과를 바탕으로 고도비만 학생 비율 자료를 제시하였다. 그 결과, 고도비만 학생 비율은 2000년 이후로 전반적으로 증가 추세에 있는 것으로 나타났다(표 2-1 참조).

표 2-1 초 · 중 · 고등학교 학생들의 고도비만 비율
(단위 : %)

구분	2006 년도	2005 년도	2004 년도	2003 년도	2002 년도	2001 년도	2000 년도
초	0.64	0.49	0.61	0.57	0.59	0.60	0.43
중	0.86	1.01	0.87	1.06	0.92	0.80	0.66
고	1.20	1.11	0.98	1.07	1.10	0.93	0.68
평균	0.84	0.78	0.77	0.82	0.80	0.74	0.55

한국청소년정책연구원의 아동 및 청소년 비만 실태 조사(임희진, 박형란, 구현경, 2009)에서는 2007년에 아동 및 청소년의 비만으로 야기된 사회경제적 비용을 추산하였다. 그 결과에 따르면, 약 1조 3,638억 원의 사회경제적 비용이 유발되는 것으로 나타났다. 비만 관련 질환으로 발생하는 사회경제적 손실 규모를 구체적인 질환별로 살펴보면, 비만으로 인해 이환되는 당뇨병으로 인한 사회경제적 비용은 약 6,416억 원으로 가장 높은 손실 규모를 나타냈으며, 그다음으로는 허혈성 심질환 1,575억 원, 그리고 그다음으로는 뇌혈관질환 1,372억 원 순으로 보고되었다.

질병관리본부(2012)에서 전국의 청소년 75,643명을 대상으로 진행한 제7차 청소년건강행태온라인조사 통계 결과에 따르면, 참여자가 기입한 신장 및 체중으로 산출한 비만율은 남학생의 경우 11.7%(중학교 10.1%, 일반계고 13.5%, 특성화계고 12.3%) 그리고 여학생의 경우 5.2%(중학교 4.1%, 일반계고 5.8%, 특성화계고 8.2%)로 나타났다. 고등학생의 경우 남녀 학생 모두 미국의 자료(남학생 15.3%, 여학생 8.3%; Eaton et al., 2010)보다 낮은 것으로 나타났다. 또 신체계측 자료를 이용하여 산출한 비만율은 중학생의 경우 12.6%(남학생 16.1%,

여학생 8.7%) 그리고 고등학생의 경우 16.3%(남학생 19.9%, 여학생 12.1%)로 나타났다. 이는 자기기입식 비만율보다 더 높은 수준에 해당한다. 특히 여학생에서 차이가 더 두드러진 것으로 보인다.

최근 30일 동안 체중 감소를 위해 노력한 적이 있는 남학생은 23.9%(중학교 24.9%, 일반계고 22.8%, 특성화계고 23.2%)로 나타났으며, 여학생은 45.5%(중학교 46.3%, 일반계고 42.7%, 특성화계고 51.5%)로 나타났다. 특히 2008년 이후 연도별 추이를 살펴보면, 남학생은 비슷한 수준을 유지하고 있었으나, 여학생은 증가하는 추세를 나타냈다. 최근 30일 동안 체중 감소 시도 학생 중 부적절한 체중 감소 방법(단식, 의사처방 없이 마음대로 살 빼는 약 먹음, 설사약 또는 이뇨제 복용, 식사 후 구토, 한 가지 음식만 먹는 다이어트)을 시도한 적이 있는 남학생은 13.5%(중학교 12.6%, 일반계고 13.5%, 특성화계고 17.2%)였고, 여학생은 21.7%(중학교 19.4%, 일반계고 21.7%, 특성화계고 30.5%)로 나타났다.

(2) 청소년의 운동 부족 문제

전국의 6,923가구를 대상으로 진행된 한국 아동청소년 종합실태조사(보건복지가족부, 2008) 결과에 따르면, 12~18세의 아동 및 청소년 중 정기적인 운동을 하는 비율은 9%에 그치는 것으로 나타났다. 특히 일주일 중 운동이나 야외에서의 신체적인 활동을 하는 시간을 질문했을 때, 12~18세의 아동 및 청소년 중 무려 40% 이상이 운동을 거의 하지 않는 것으로 나타났다. 또 소득수준별로 살펴봤을 때, 빈곤층의 0~8세 연령대에서는 운동을 거의 하지 않는다는 응답이 상대적으로 더 많은 것으로 나타났다.

운동 및 야외활동을 하지 않는 비율

정기적 운동 여부

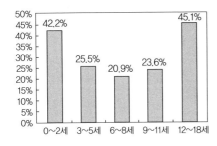 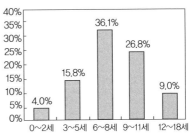

그림 2-2 전국 아동 및 청소년의 운동 실태

　제7차 청소년건강행태온라인조사 통계 결과(질병관리본부, 2012)에 따르면, 최근 7일 동안 근력강화운동을 3일 이상 한 남학생은 29.5%(중학교 30.9%, 일반계고 27.7%, 특성화계고 30.2%)였고 여학생은 9.3%(중학교 11.0%, 일반계고 7.3%, 특성화계고 8.5%)였다. 이때 근력강화운동에는 팔굽혀펴기, 윗몸일으키기, 역기 들기, 아령, 철봉, 평행봉 등이 해당된다. 그리고 최근 7일 동안 격렬한 신체활동을 20분 이상 한 날이 3일 이상이었던 남학생은 46.9%(중학교 55.7%, 일반계고 39.0%, 특성화계고 36.5%)였으며, 여학생은 20.0%(중학교 25.9%, 일반계고 13.0%, 특성화계고 17.9%)였다. 격렬한 신체활동에는 조깅, 축구, 농구, 태권도, 등산, 빠른 속도의 자전거 타기, 빠른 수영, 무거운 물건 나르기 등이 포함된다.

2) 청소년 안전의식 부족 문제

통계청(2012)의 2000년 사망 원인 자료에 따르면, 청소년의 경우 운수사고는 사망사건 발생 원인 1위에 해당된다. 비록 2009년 이후로는 운수사고가 청소년 사망 원인의 2위에 해당되는 것으로 바뀌었을지라도

청소년(15~24세) 사망 원인 (단위 : %)

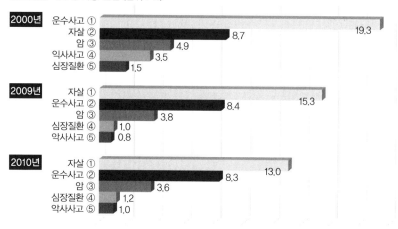

그림 2-3 청소년의 사망 원인

여전히 사망 위험성이 높은 사건에 해당된다고 할 수 있다.

제7차 청소년건강행태온라인조사 통계 결과(질병관리본부, 2012)에 따르면, 청소년의 앞좌석 안전벨트 미착용률은 심각한 수준으로 보인다. 승용차나 택시 앞좌석 탑승 경험자 중 안전벨트를 착용하지 않은 남학생은 31.5%(중학교 27.7%, 일반계고 32.3%, 특성화계고 43.7%)였고 여학생은 32.5%(중학교 30.2%, 일반계고 31.9%, 특성화계고 44.2%)였다(그림 2-4 참조). 특히 고등학생의 경우 미국 고등학생(남학생 11.5%, 여학생 7.7%; Eaton et al., 2010)보다 더 높은 것으로 나타났다. 또 자전거 헬멧 미착용률의 경우, 최근 12개월 동안 자전거를 타 본 사람 중 헬멧을 착용하지 않은 중학생은 94.4%였고 일반계 고등학생은 95.4%였으며 특성화계 고등학생은 94.2%였다. 자전거 헬멧 미착용률의 경우에도 고등학생의 경우에는 미국 고등학생(남학생 85.8%, 여학생 83.1%; Eaton et al., 2010)보다 더 높은 것으로 나타났다. 그리

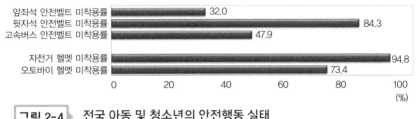

앞좌석 안전벨트 미착용률 32.0
뒷자석 안전벨트 미착용률 84.3
고속버스 안전벨트 미착용률 47.9
자전거 헬멧 미착용률 94.8
오토바이 헬멧 미착용률 73.4

그림 2-4 전국 아동 및 청소년의 안전행동 실태

고 오토바이 헬멧 미착용률의 경우, 최근 12개월 동안 오토바이를 운전하거나 뒷자리에 동승 경험이 있는 사람 중 헬멧을 착용하지 않은 중학생은 71.2%였고 일반계 고등학생은 74.6%였으며 특성화계 고등학생은 76.4%였다.

3) 가출 청소년 건강행동의 취약성 문제

청소년의 가출은 산업화되고 현대화된 사회라면 어디나 사회문제시되고 있다(백혜정, 방은령, 2009). 우리나라의 경우도 예외가 아니어서 2004년 교육통계 자료(교육인적자원부, 2004)에 따르면, 청소년의 79.2%가 가출 충동을 경험해 보았다고 응답했으며, 신고된 가출 청소년 수도 약 13,000명에 달하는 것으로 나타났다.

청소년보호위원회(2007)는 청소년 쉼터 입소 청소년 339명을 대상으로 '가출 청소년 건강실태조사'를 수행하였다. 그 결과에 따르면, 가출 청소년의 경우 일반 청소년들보다 건강이 더 취약한 상태에 있는 것으로 나타났다. 이들은 가출 기간 동안 의사나 간호사로부터 도움을 받는 경우가 전혀 없다고 응답한 비율이 무려 69%에 달했다. 또 가출 청소년들의 건강행동을 일반 청소년들과 비교한 결과를 보면, 전체적으로 가출 청소년들은 건강 위험 행동은 더 많이 하고 건강 증진 행동은 상대적으로 적게 하는 것으로 나타났다. 보다 구체적으로 살펴보면, 식생활의 경우 식사를 거르는 비율이 일반 청소년들에 비해 아침은 3배(39%), 점심(14.4%)과 저녁(11%)은 거의 10배로 나타나고 있다. 뿐만 아니라 과일, 채소 및 우유를 섭취하는 면에서는 일반 청소년들에 비해 유의미하게 낮은 섭취율을 보이는 반면에 탄산음료와 패스트푸드 및 라면은 일반 청소년에 비해 더 많이 먹는 것으로 나타났다. 특히 이러한 건강 위험 행동은 가출기간이 길어질수록 더 심각해지는 것으로 드러났다. 이러한 결과는 윤현영, 권순중, 황동아(2007)의 조사 결과와도 일치한다. 그들의 연구에 따르면, 일반 청소년의 저체중 비율은 6.6%인 데 반해 가출 청소년의 저체중 비율은 34%에 달하는 것으로 나타났다. 특히 14세 이하 가출 청소년의 저체중 비율이 42.7%인 것으로 나타나 가출 청소년들이 충분한 영양공급을 받지 못하고 있으며, 그에 따라 건강상의 심각한 문제를 초래하게 될 가능성이 있음을 보여주었다.

또 청소년보호위원회(2007)의 가출 청소년 건강실태조사 결과, 신체활동 측면에서도 일반 청소년들에 비해 가출 청소년들은 운동은 훨씬 적게 하는 반면에 TV를 보거나 컴퓨터를 하면서 보내는 시간은 더 많은 것으로 나타났다. 음주의 경우에는 일반 청소년들에 비해 가출 청소년들은 처음 술을 마시기 시작한 것이 1년 정도 빠를 뿐만 아니라, 더 많이 마시고 더 자주 마시는 것으로 나타났다. 특히 고위험 음주율이 일반 청소년들은 8.3%인 데 반해 가출 청소년들은 4배 이상 높은 수준인 36.1%로 나타나고 있다. 가출 기간이 길수록 술을 마시는 횟수가 늘어나고 있으며 한 번에 마시는 양도 많아지고 있다. 흡연경험 역시 가출 청소년들은 일반 청소년들에 비해 1년 정도 일찍 시작하며 일반 청소년들의 약 2.5배인 것으로 나타났다.

가출 청소년들의 성행동을 보면, 성 접촉 경험이 55%로 일반 청소년들의 3배가 넘는 것으로 드러났다. 성관계의 시작은 중학교 3학년 때가 가장 많았고 가출 경험이 있는 여자 청소년의 9%가 임신 경험이 있는 것으로 나타났다. 또 성관계 시에 피임을 전혀 하지 않는다는 응답이 약 47%로 나타났으며 성교육 경험률은 56%에 불과한 것으로 나타났다. 남미애(1998)의 연구에서도 여자 가출 청소년 190명에 대한 상담내용을 분석한 결과, 전체의 43.2%가 성관계를 경험했으며 22.6%가 성질환이 있었던 것으로 나타났다.

한국청소년정책연구원의 연구 결과(백혜정, 방은령, 2009)에 따르면, 가출 경험이 있는 청소년들은 그렇지 않은 청소년들에 비해 또래동조성이 높고 일탈경험이 있는 친구들과 친하게 지낼 가능성도 높은 것으로 나타났다. 아마도 이들의 높은 또래동조성은 그러한 친구 이외의 부모나 교사 등과 같은 성인들로부터는 낮은 수준의 지지를 받기 때문일 가능성이 있는 것으로 보인다. 따라서 이들의 가출을 예방하는 데는 사회적인 지지와 더불어 건강한 형태의 또래 관계가 이루어질 수 있도록 기회를 제공해 주는 것이 중요해 보인다. 또 가출 경험이 있는 청소년들은 그렇지 않은 청소년들에 비해 자존감이 낮고 우울과 불안 수준은 높은 것으로 나타났다. 이러한 결과는 가출 청소년들의 전반적인 심리상태가 불안정한 경우가 많고, 이에 따라 사회적응에 어려움을 겪을 가능성이 높음을 의미한다. 따라서 이들의 심리상태에 대한 정확한 심리평가와 더불어 그 결과에 기초한 심리사회적 개입이 필요할 것으로 보인다.

4) 청소년 자살 문제

한국의 청소년은 자살 문제에서도 대단히 심각한 양상을 보이고 있다. 자살이란 개인적 혹은 사회적 원인으로 당사자가 스스로 자신의 목숨을 끊는 행위를 말한다(진재현, 고혜연, 2013). 청소년 정신건강 문제 중에서도 청소년의 자살 문제는 이미 위험 수위를 넘어선 것으로 보인다. 한국건강 증진재단(2013)에 따르면, OECD 31개 국가들을 대상으로 10~24세 사이의 청소년을 대상으로 자살사망률을 분석한 결과, 우리나라는 2000년에서 2010년 사이 자살사망률 증가율이 칠레 다음으로 높은 수준을 나타냈다. 이런 점에서 자살 문제는 청소년들만의 문제가 아니라 우리 사회 전반에 걸친 심각한 사회적 병리 현상으로 급부상하고 있다. OECD(2011) 통계자료에 따르면, 2009년 OECD 국가의 인구 10만 명당 자살사망률은 11.3명이었다. 이 자료에서 가장 높

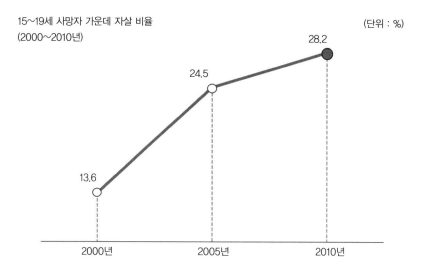

15~19세 사망자 가운데 자살 비율
(2000~2010년)

(단위 : %)

28.2

24.5

13.6

2000년   2005년   2010년

그림 2-5 ▶ 청소년 자살자의 증가 추세

자료 : 국가통계포털

은 수준의 자살사망률을 보여주고 있는 국가가 바로 한국이었다. 한국
은 무려 28.4명의 자살사망률을 보였다. 이러한 우리나라의 자살사망
률은 자살사망률이 가장 낮은 그리스(2.8명)보다는 약 10배 더 높은 수
준에 해당된다.

통계청(2000~2012)의 사망 원인 자료에 따르면, 2000년을 기점으로
해서 자살이 우리나라 청소년 사망 원인 중 1위를 차지하는 것으로 나
타났다(그림 2-3 참조). 특히 10대 청소년 사망자 중에서 자살자가 차
지하는 비율은 2000년에 비해 2010년에 2배 이상 증가한 것으로 나타
났다(그림 2-5 참조).

통계청(2011)의 사회조사 결과에 따르면, 10대 청소년 중 약 10%가
지난 1년간 자살하고 싶다는 생각을 한 번 이상 해 본 것으로 나타났다.
실제로 여성가족부(2011)의 학생 상담 관련 통계 자료에 따르면, 자살
문제로 상담을 받은 청소년의 수가 3년 동안 약 2.6배나 증가한 것으로
나타났다. 그 자료에 따르면, 학교폭력과 우울증으로 상담을 받은 초
등학생 수도 3년 동안 꾸준히 증가한 것으로 나타났다. 같은 자료에 따
르면, 학교폭력 관련 상담은 3년 사이에 384명에서 656명으로 증가하
였고 우울증은 249명에서 580명으로 마찬가지로 증가하였다.

5) 청소년의 흡연, 음주 및 약물 사용 문제

(1) 한국 청소년의 흡연율과 음주율

흡연율과 음주율은 청소년의 정신건강과 관련된 중요한 지표에 속한
다. 왜냐하면 흡연과 음주행위는 스트레스 및 우울감과 밀접한 관계가
있기 때문이다. 여성가족부와 통계청(2013)이 조사한 청소년 통계 자
료에 의하면, 2012년 우리나라 청소년의 흡연율은 11.4% 그리고 음주

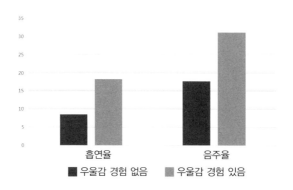

그림 2-6 ▶ 청소년의 우울감 경험 여부에 따른 흡연율과 음주율 차이

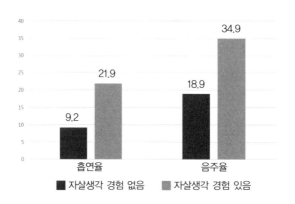

그림 2-7 ▶ 청소년의 자살생각 경험 여부에 따른 흡연율과 음주율 차이

율은 19.4%로 2007년 이래로 흡연율과 음주율 모두 감소하고 있는 것으로 나타났다. 하지만 실제로 질병관리본부(2012)에 따르면, 우울감 및 자살 생각을 하는 청소년들의 흡연율 및 음주율이 그렇지 않은 학생들에 비해 더 높은 것으로 나타났다(그림 2-6과 2-7).

(2) 한국 청소년의 유해약물 사용 문제

여성가족부(2012)의 청소년 유해환경 접촉 종합실태조사에 따르면, 청소년의 환각 물질 사용 경험 비율은 과거에 1~2% 수준에 머무르던 것에 비해 2012년에는 5.9%로 매우 높은 수준으로 늘어났다(그림 2-8 참조). 이처럼 청소년이 환각 물질을 사용하는 것은 청소년들의 정신건강에 심각한 위험 요인이 된다는 점에서 이러한 급격한 증가 추세는 잠재적으로 심각한 사회적 문제로 대두될 것으로 보인다.

6) 한국 청소년의 정신건강 및 성행동 문제

(1) 한국 청소년의 스트레스 인지율

제8차 청소년건강행태온라인조사 결과(질병관리본부, 2013)에 의하면, 청소년의 스트레스 인지율은 성인들의 스트레스 인지율에 비해 상대적으로 더 높은 것으로 보인다(그림 2-9). 이때 스트레스 인지율은

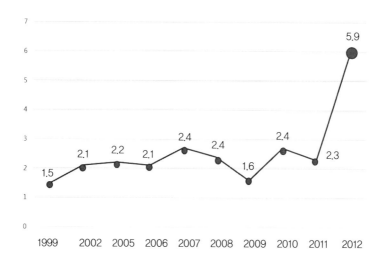

그림 2-8 청소년의 환각물질 사용 경험률

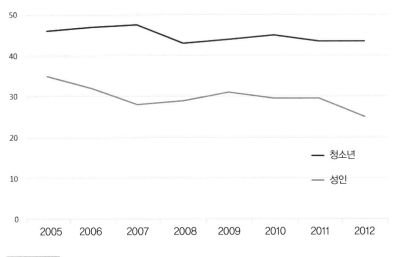

그림 2-9 청소년과 성인의 스트레스 인지율 비교

평상시 스트레스를 '대단히 많이' 또는 '많이' 느끼는 편인 사람의 비율
을 뜻한다. 학교급별로 구분하여 살펴보면, 고등학교에서는 남학생이
36.8% 그리고 여학생이 53.5%로 나타났다. 또 중학교에서는 남학생이
32.7% 그리고 여학생이 45.6%로 나타났다.

(2) 한국 청소년의 우울감 경험률

질병관리본부(2013)에서 시행한 제8차 청소년건강행태온라인조사에
의하면, 최근 1년 동안 2주 내내 일상생활을 중단할 정도로 슬프거나
절망감을 느낀 청소년은 남학생 25.5%, 여학생 36%로 나타났다. 그리
고 우울감 경험률 역시 스트레스 인지율과 마찬가지로 성인과 비교했
을 때 청소년이 경험하는 비율이 상대적으로 더 높은 것으로 나타났다
(그림 2-10). 여기서 우울감 경험률은 최근 12개월 동안 2주 내내 일상
생활을 중단할 정도로 슬프거나 절망감을 느낀 적이 있는 사람의 비율

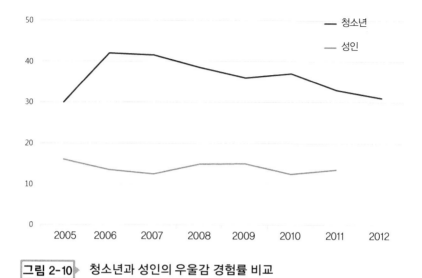

그림 2-10 청소년과 성인의 우울감 경험률 비교

을 뜻한다.

(3) 한국 청소년의 성행동 문제

제7차 청소년건강행태온라인조사 통계 결과(질병관리본부, 2012)에 따르면, 성관계(이성 또는 동성) 경험이 있는 중학생은 2.3%, 일반계 고등학생은 6.2%, 그리고 특성화계 고등학생은 11.6%이었다. 전체적 으로 남학생이 여학생보다 성관계 경험이 있는 학생의 비율이 더 높았 다(그림 2-1). 성관계 경험자 중 술을 마신 후 성관계를 한 적이 있는 중학생은 31.1%, 일반계 고등학생은 42.9%, 그리고 특성화계 고등학 생은 53.4%였다. 성관계 시의 피임 실천율의 경우, 성관계 경험자 중 성관계 시 피임을 하는 남학생은 46.7% 그리고 여학생은 43.3%였다.

성병 경험률의 경우, 성관계 경험자 중 성병에 걸려본 적이 있는 남학 생은 10.1% 그리고 여학생은 10.3%였다. 그리고 최근 12개월 동안 학

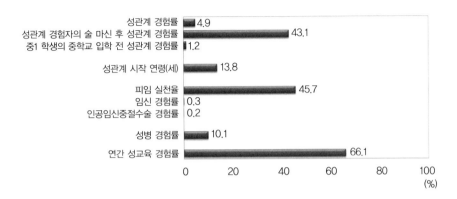

그림 2-11 청소년의 성행동 문제

교에서 성교육을 받은 적이 있는 중학생은 74.2%, 일반계 고등학생은 56.9%, 그리고 특성화계 고등학생은 61.9%로 나타났다. 이러한 결과는 2010년에 비해 중·고등학교 남녀 학생 모두 감소했음을 보여준다.

청소년의 성행동에서 가장 심각한 문제 중 하나는 바로 미성년 성폭력 가해자가 증가하고 있다는 점을 들 수 있다. 성폭력 가해자의 39%

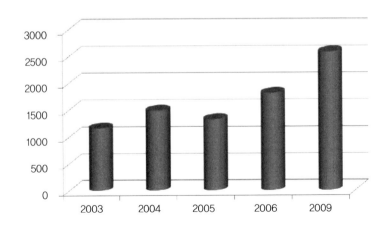

그림 2-12 미성년 성폭력 가해자 현황

가 만 13세 이상~만 20세 미만의 미성년자이고 그 수는 2003년 이후로 증가하고 있다. 연도별 미성년 성폭력 가해자 현황을 보면, 2003년 1,165명, 2004년 1,490명, 2005년 1,329명, 2006년 1,811명, 2009년 2,583명으로 계속 증가하고 있다(경찰청, 2009).

2. 청소년 건강행동을 위한 기존의 심리학적 개입 프로그램의 문제점

1) '일요인 정신건강 개념'에 기초한 심리학적 개입 프로그램의 한계

건강 문제의 행동 수정에 관한 연구 결과들은 위험한 건강행동들이 충분히 변화될 수 있으며, 그에 따라 건강 상태 역시 호전될 수 있다는 점을 보여준다(Dubbert, 2002; Niaura & Abrams, 2002; Orleans, 2000; Wadden, Brownell, & Foster, 2002). 한국 아동 및 청소년의 건강행동을 증진시키기 위한 심리학적 개입 프로그램의 예로는 건강 위험 행동을 경감시키기 위한 개입(강둘순, 2008; 임은선, 2010), 건강행동 관련 취약 집단에 대한 개입(김희라, 2010; 최슬기, 박상민, 정효지, 2009; 최은정, 2010; 최은정, 이영은, 2010), 건강 증진 행동을 강화하기 위한 개입(김수경, 2007; 박일홍, 2009; 이혜경, 조미경, 2010) 등을 들 수 있다. 이러한 건강 증진 행동 관련 심리학적 개입 프로그램들은 공통적으로 신체적인 건강 영역에서의 정신건강의 중요성을 강조하고 있다.

일반적으로 건강심리 전문가들은 다양한 형태의 심리 치료법들을 활용한다. 하지만 그럼에도 불구하고 마치 심리학적인 개입 프로그램이 하나의 과정인 것처럼 논의되는 경우가 있다(Garfield, 1980). Kiesler(1966)는 이를 동일성의 허구(uniformity myth)라고 칭했다. 따라서 심리학적 개입 프로그램을 논의할 때는 다른 어떤 요소보다 동일성의 허구문제가 중요하게 고려될 필요가 있다. 이러한 맥락에서 한국 아동 및 청소년의 건강행동을 증진시키기 위한 심리학적 개입 프로그램 사례들을 살펴보면, 정신건강의 개념을 둘러싸고 동일성의 허구 문제가 개입된다는 점을 확인할 수 있다.

앞서 소개한 우리나라에서 수행된 기존의 건강심리학적 개입 프로그램들은 정신건강 개념상의 제한점이 있는 것으로 보인다. 기존의 건강행동 증진을 위한 개입 프로그램에서는 정신건강 모형의 측면에서 주로 이요인이 아닌 일요인에 기초한 접근을 사용해 왔다. 이것이 의미하는 바는 정신건강이 이중적인 의미로 통용되고 있기 때문에 의사소통상의 혼란을 가져올 뿐만 아니라 어떤 의미로 활용되느냐에 따라 건강행동 증진 효과상에서도 차이가 발생할 수 있다는 것이다.

전통적으로 건강과 관련해서는 대체로 건강을 질병의 부재로 정의하는 병리적(pathogenic) 접근을 활용해 왔다. 이러한 접근에서는 질병이 어떤 특정한 병원균과 같은 원인에 노출됨으로써 생기게 되고 또 병원균을 물리쳐 질병이 없어질 때 건강이 회복된다고 파악하였다. 다시 말해서 건강은 장애나 질병이 없는 상태를 뜻하는 것으로 여겨졌다(Keyes, 2007). 하지만 건강에 대한 병리적 모형은 사망의 주된 원인이 감염성 질환이었던 과거에 주로 타당성을 인정받을 수 있었다. 20세기 이후로는 주요 질병군이 급성질환이나 감염성 질환에서 만성질환으로 변화했기 때문에 과거와는 다른 조망이 요구되고 있다.

우리나라의 경우 통계청이 발표한 '2010년 사망 원인 통계'에 따르면 지난해 우리나라 5대 사망 원인은 암(28.2%), 뇌혈관질환(10.4%), 심장질환(9.2%), 자살(6.1%), 당뇨병(4.1%)으로 전체 사망자의 약 60%

를 차지한다. 특히 이러한 대표적인 사망 원인들은 모두 스트레스와 밀접한 관계가 있다.

세계보건기구(WHO, 1998)에 따르면, 건강은 단지 질병의 부재를 의미하는 것이 아니라 완전한 신체적 · 정신적 · 사회적 안녕 상태를 의미한다. 정신건강의 개념에 있어서도 이와 유사한 변화가 진행되었다. 제2차 세계대전 이후로 정신병리에 대한 치료가 강조되면서 정신건강 영역에서도 주로 병리에 대한 연구가 진행되었다(Seligman & Csikzentmihalyi, 2000). 하지만 최근 긍정심리학의 발전과 더불어 정신건강의 이요인 모델에 대한 관심이 증가하고 있다.

정신건강의 일요인 모델에서는 다음의 세 가지 요인에 초점을 맞춘다. 첫째, 인간과 인간 경험에 대한 병리적 범주화이다. 둘째, 정신장애의 개인 내적 특성에 대한 강조이다. 셋째, 강점과 미덕보다는 약점과 악덕에 초점을 맞추는 것이다. 전통적으로 이러한 질병 이데올로기적 접근에서는 정신장애를 성공적으로 치료하거나 예방함으로써 사회의 구성원들이 정신적으로 건강해질 수 있다고 믿어 왔다(Keyes, 2007).

하지만 정신건강에 대한 병리 중심의 일원론적 관점은 일반적으로 다음과 같은 문제점들을 내포하고 있다. 첫째, 정신건강의 개념적 정의가 충분히 포괄적이지 않다는 점이다. WHO(2001)에서는 정신건강을 단순히 질병이 없는 것을 넘어서 신체적 · 정신적 · 사회적 웰빙의 완전한 상태로 정의하고 있다. 하지만 병리적 시각에 기초한 일요인 정신건강의 개념은 개인의 긍정적 기능과 평범함을 넘어선 탁월함(예컨대, Lubinski & Benbow, 2000)에 대해서는 고려하지 않는다는 한계점을 가지고 있다.

둘째, 병리적 관점에서는 긍정적 특성이 신체 및 정신 병리의 호전이나 감소, 그리고 예방에 대해 갖는 의미가 간과되는 경향이 있었다. Salovey, Rothman, Detweiler 및 Steward(2000)는 다양한 정서가 신체적 질병에 미치는 효과들에 대해 개관하면서 부정적인 감정들이 질병을 악화시키는 사례들에 대해서는 연구가 많이 되어 있으나 긍정적 정서가 질병에 미치는 효과에 대해서는 상대적으로 적게 연구되었다고 보고하였다. 하지만 낙관적인 사람이 관상동맥 수술 시 더 적응적으로 대처했을 뿐만 아니라 수술 후 5년이 지났을 때 상대적으로 더 건강한 습관을 보고한 결과(Scheier, Matthews, Owens, Magovern, & Carver, 1989)나 긍정적 기대가 에이즈와 같은 치명적 질병을 가진 환자들이 더 오래 살 수 있도록 기여한 것(Taylor, Kemeny, Reed, Bower, & Gruenewald, 2000) 등의 경험적 연구 결과들은 긍정적 특성이 질병에 직접적인 효과를 미칠 가능성을 시사한다.

셋째, 개인이 정신병리 문제를 가지고 있는 경우에도 어떤 긍정적 특성을 함께 지니고 있는가에 따라 삶의 만족도는 달라질 수 있다. 다시 말해서 정신병리가 존재함에도 불구하고 탁월한 긍정성을 동시에 나타낼 수 있다는 점이다.

Vaillant(1997, 2002)는 하버드대학의 성인발달 연구 결과를 소개하면서, 사람들이 자신이 가지고 있는 문제나 약점에도 불구하고 어떻게 성숙해갈 수 있는지를 소개하였다. 그에 따르면 불행한 아동기를 보낸 상처 많은 젊은이는 성인기에 사랑을 주고받음으로써 행복한 삶을 추구할 수 있다. 이런 점에서 그는 인생이 마치 한때는 부서져서 영원히 회복될 수 없을 것 같았지만 10년 혹은 40년이 지난 다음에는 온전한 전체가 될 수 있는 특별한 '험프티 덤프티(Humpty Dumpty : 달걀 인

형) 같은 것이라고 주장하였다.

Vaillant(1997, 2002)에 따르면, 약점으로부터 이렇게 회복되는 핵심 과정에는 **회복탄력성**(resilience)이 자리 잡고 있다. 단, 이처럼 탄력적인 청소년이 존재한다는 사실이 불사신이 존재할 수 있음을 뜻하는 것은 아니다.

넷째, 정상인을 대상으로 했을 때의 측정상의 변별성 및 정확성 문제이다. 일반인의 경우 병리적 척도만으로는 의미 있는 정보를 얻기 어려울 수 있다(박동혁, 2007). 그러한 경우 병리적 관점에서는 이들의 정신건강 상태를 설명하기 어렵다. 우리가 사고장애 또는 우울 척도처럼 정신병리를 측정하기 위한 척도를 사용하는 경우 개인으로부터 얻을 수 있는 정보는 매우 제한적이다. 이런 점에서 개인의 긍정적 특성을 함께 측정한다면, 상대적으로 정신건강의 병리적인 측면만을 평가할 때에 비해 변별력도 높아지고 측정의 의미도 확대될 것이다(Veit & Ware, 1983).

다섯째, Seligman과 Csikzentmihalyi(2000)가 언급했듯이, 병리적인 관점을 주로 활용할 경우 정신병리의 문제를 가지고 있지 않은 건강한 사람들의 삶을 향상시키기 위한 시도는 자연스럽게 위축될 수밖에 없다. 이런 점에서 질병에 대한 치료 작업은 질병이 없는 사람들이 보다 더 생산적이고 건강한 삶을 살 수 있도록 돕는 일과 균형 잡힌 형태로 진행하는 것이 필요해 보인다. 이러한 문제점들을 고려해 볼 때, 질병 중심의 접근법만으로 정신건강을 다루는 것은 한계가 있어 보인다.

2) '이요인 정신건강 개념'에 기초한 심리학적 개입 프로그램의 필요성

(1) 정신건강의 이요인 모델

최근 대두된 긍정심리학은 건강의 의미와 관련된 논의에 중요한 영향을 주었다. 정신건강에 대한 새로운 접근으로서의 긍정적 정신건강 모형에서는 단순히 정신질환이 없다는 것이 정신적으로 건강한 상태에 있음을 의미하는 것은 아니라고 제안한다(Keyes & Lopez, 2002). Kazdin(1993)은 정신병리와 역기능의 부재 상태 그리고 최적 기능의 유지는 상호 관련되어 있지만 동시에 상호 독립적이라고 주장하였다. 정신건강에 대한 미국 공중위생국 보고서(U.S. Department of Health and Human Service, 1999)에 따르면, 정신건강과 정신질환은 단일한 형태의 연속적 건강 상태의 양극에 해당되는 것이 아니다.

이러한 긍정적 정신건강의 관점은 여러 가지 경험적 연구들을 통해 지지되었다. 주관적 웰빙의 측정치들은 우울 증상들과 약 .50 수준의 부적인 상관을 나타냈다(Ryff & Keyes, 1995). 또 주관적 웰빙의 측정치들은 삶의 만족도와 약 .50 수준의 정적인 상관을 나타내는 것으로 밝혀졌다(Frisch, Cornell, Villanueva, & Retzlaff, 1992). 이처럼 정신병리 관련 측정치들이 정신건강의 측정치들과 부적인 상관을 보이지만 동시에 그 상관의 정도가 중간 수준이라는 것은 정신건강이 두 가지 요인으로 이루어졌을 가능성을 시사한다.

Ostroff, Woolverton, Berry 및 Lesko(1996)는 미국의 청소년을 대상으로 한 연구에서 심리적 고통과 심리적 웰빙이 서로 상관을 갖는 이요인 구조를 나타낸다고 보고하였다. 그리고 Keyes(2005b)가 대규모 미국 성인 집단을 대상으로 확인적 요인 분석을 실시한 결과, 단일요인 모형에 비해 이요인 모형이 상대적으로 더 적합하다는 것을 발견하였다. 이처럼 정신건강의 이요인 모형을 지지하는 경험적 증거는 네덜란드 성인들을 대상으로 한 연구에서도 보고되었다(Westorhof & Keyes, 2010). 또 한국인을 대상으로 한 연구에서도 이러한 정신건강의 이요인 구조가 확인되었다(김현정, 2012).

이상의 경험적 증거들을 바탕으로 정신건강의 이요인 모델(Keyes, 2005b)에서는 긍정적 정신건강이 정신병리와 연관되어 있지만 동시에 구분될 수 있는 것으로 간주한다. Keyes(2002, 2005a, 2007)는 DSM 체계를 참고로 하여 정신건강을 일련의 긍정적인 증상들이 존재하는 증후군으로 정의 내렸다. 즉 정신장애와 마찬가지로 정신건강도 일련의 긍정적 증상들이 특정한 수준으로 특정 기간 동안 존재할 수 있으며 이러한 증상들은 인지적 또는 사회적 기능과는 구별되는 것으로 간주할 수 있다고 제안하였다(Keyes, 2001; Mechanic, 1999).

(2) 긍정적 정신건강 유형

Keyes(2007)는 정신건강을 구성하는 긍정적 특징으로 개인의 주관적 웰빙을 제안하였다. 주관적 웰빙은 자신의 삶에 대한 정서적이고 인지적인 평가로서, 사람들은 주관적 웰빙을 불쾌한 정서보다 즐거운 정서를 많이 느낄 때나 흥미로운 활동에 참여할 때, 고통보다 기쁨이 많을 때, 그리고 자신의 삶에 만족할 때 경험한다(Diener, 2000).

Keyes(2007)는 정신적 웰빙을 세 가지 웰빙—정서적, 심리적, 사회적—으로 분류하였다. 그의 정신적 웰빙에 관한 분류는 표 2-2에 제시되어 있다.

Keyes(2007)의 정신적 웰빙에 관한 분류체계에서 첫 번째 요소는 **정**

표 2-2 정신적 웰빙의 구성 요소

차원	정의
긍정적인 정서(정서적 웰빙)	
긍정적 정서	규칙적으로 활기차고 좋은 기분을 경험하고 평화와 만족감으로 충만함
삶의 질	삶의 전반에 대해 또는 삶의 영역에서 행복하거나 만족스러움
긍정적인 심리적 기능(심리적 웰빙)	
자기수용	자기 자신과 지난 삶에 대해 긍정적이고 수용적인 태도 유지
개인적 성장	자신의 잠재력과 발달에 대해 통찰력을 가지고 있으며 개방적이고 도전적임
삶의 목적	삶의 방향을 인도하는 목표와 신념을 가지고 있고 삶의 의미를 이해함
환경통제	복잡한 환경을 관리할 수 있는 능력이 있으며, 요구를 만족시키기 위해 환경을 개선하거나 관리하도록 선택할 수 있음
자율성	자기 결정적이며, 사회적으로 수용되고 관습적인 내적 기준을 가지고 있고, 좋지 않은 사회적 압력에 저항함
긍정적인 사회적 기능(사회적 웰빙)	
긍정적 관계	따뜻하고 만족스러우며 신뢰로운 대인관계. 공감적이고 친밀한 관계 형성함
사회적 수용	타인에 대해 긍정적인 태도를 가지고 있으며, 사람들의 서로 다름과 복잡함을 알고 수용함
사회적 실현	사람들, 사회적 집단, 사회가 잠재력을 가지고 있고, 긍정적으로 성장할 수 있다고 믿음
사회적 기여	자신의 삶이 사회에 유용하다고 느낌
사회적 일치성	사회와 사회적 삶에 관심을 가짐
사회적 통합	공동체에 소속감이 있고 공동체로부터 편안함과 지지를 받음

서적 웰빙(emotional well-being)이다. 이것은 삶에 대한 긍정적 정서가 존재하거나 부재하는 형태로 나타난다. 정서적 웰빙은 긍정적 정서의 존재와 부정적 정서의 부재, 그리고 삶에 대한 지각된 만족감으로 구성된다. 정서적 웰빙에 대한 연구에서 긍정적 정서와 부정적 정서는 서로 관련되지만 독립적인 차원인 것으로 드러났다(Watson & Tellgen, 1985). 또 긍정적 또는 부정적 정서 상태와 삶에 대한 만족감 역시 중간 수준의 상관을 갖는 동시에 독립적인 차원으로 나타났다(Diener, 1984).

우울증을 비롯한 정신장애를 진단할 때 정신장애만 평가하는 것이 아니라 심리사회적 기능에 대해서도 평가를 하는 것처럼, 정신건강에서도 정서적 상태만으로 진단 내리지 않는다. 정신건강에 관한 진단에서는 긍정적 또는 부정적 정서로서의 웰빙뿐만 아니라, 일상생활에서 긍정적인 기능을 하는지 여부도 포함하게 된다. Keyes(2002)는 이를 **심리적 웰빙**이라고 불렀다. 이것은 긍정적 기능과 관련해서 Ryff(1989)가 제안했던 여섯 가지 요소로 구성된다. 이러한 요소들은 자기수용, 타인과의 긍정적인 관계, 개인적 성장, 삶의 목적, 환경에 대한 통제, 그리고 자율성이다.

Keyes(2002)는 개인이 삶에서 적응적으로 잘 기능하기 위해서는 정서적 및 심리적 웰빙과 더불어 사회적인 과제에서의 성취도 포함되어야 한다고 제안하였다. **사회적 웰빙**은 정서적 및 심리적 웰빙보다 상대적으로 더 공적인 성격을 갖는다. 그는 사회적 웰빙의 다섯 가지 차원을 제시하였다. 그것들은 사회적 일치성, 사회적 실현, 사회적 통합, 사회적 수용과 사회적 기여이다. 이러한 사회적 웰빙의 다섯 가지 구성 요인들은 요인 분석을 통해 검증되었다(Keyes, 1998).

Keyes(2007)는 완전한 정신건강, 즉 긍정적 정신건강으로서의 **정신적 번영 상태**(플로리시 : flourish)의 중요성을 강조하였다. 이러한 정신적 번영 개념은 정신적 웰빙과 관련해 비교적 최근에 등장한 개념에 해당된다. Seligman(2011)에 따르면, 기존의 삶의 만족감, 긍정적 정서, 진정한 행복(authentic happiness) 등에서 말하는 '행복' 이론은 주관적인 삶의 만족도를 증가시키는 것을 주목적으로 삼았다. 하지만 그에 따르면, 이러한 행복추구 활동은 몇 가지 약점을 지니고 있다.

첫째, 행복이라는 말과 긍정 정서는 불가분의 관계에 있을 수밖에 없지만, 긍정 정서는 행복이라는 개념 속에 포함된 의미 중 최소한의 영역하고만 관계가 있다. 둘째, 삶의 만족도는 측정 당시의 기분에 70% 이상 영향을 받기 때문에 시간에 따라 안정적이지 못할 가능성이 높다. 셋째, 기존의 행복이론으로는 그 자체가 좋아서 성취지향적인 활동을 하는 현상을 사실상 설명하기 어렵다.

이런 맥락에서 Seligman(2011)은 웰빙(well-being)을 어느 하나의 요소가 아니라 여러 가지 요소로 이뤄진 복합적인 구성개념으로 재정의하였다. 이렇게 재정의된 웰빙의 구성 요소로는 긍정적 정서(positive emotion), 몰입(engagement), 관계(relationship), 의미(meaning), 성취(accomplishment) 등이 있다.

Seligman(2011)은 재정의된 웰빙의 필요조건으로 다음의 요건들을 제시하였다. 첫째, 웰빙의 형성에 기여하는 것이다. 둘째, 단순히 다른 요소(예 : 긍정적 정서)를 얻기 위해서가 아니라 그 자체가 좋아서 성취활동을 추구해야 한다. 셋째, 다른 요소들과는 독립적으로 정의되고 측정될 수 있어야 한다. Seligman(2011)은 재정의된 웰빙 이론의 궁극적 목표가 정신적 번영(flourish)을 추구하는 것이라고 제안하였다. 그리고 개인은 행복의 극대화를 위해 행동을 선택하는 과정에서 다섯 가지 웰빙의 요소를 극대화하는 노력을 보인다고 하였다.

Huppert와 So(2009)는 정신적 번영의 핵심요소로 긍정적 정서(positive emotion), 몰입과 흥미(interest), 의미와 목적(purpose)의 세 가지를 제안하였다. 그리고 이러한 목표를 달성하기 위한 실천적 요소로 자존감(self-esteem), 낙관주의(optimism), 회복탄력성(resilience), 활력(vitality), 자기 결정 능력(self-determination) 및 긍정적 관계(positive relationships)를 제시했다. Huppert와 So(2009)는 이러한 정의에 기초해 유럽 23개국을 대상으로 약 43,000명의 번영 수준을 측정했다. 그 결과, 정신적 번영 상태에 속하는 사람들은 약 12.2%로 나타났다. 그들에 따르면, 정신적 번영 상태에 있는 사람들은 대인관계가 좋고 지역 사회에 더 공헌하는 경향이 있으며 상대적으로 더 건강하고 또 수명도 길었다.

Keyes(2002, 2005, 2007)는 완전한 정신건강 상태로서의 정신건강 유형을 평가하기 위해 다음의 조작적 정의를 활용하였다. 첫째, 플로리시(flourish)는 정서적 웰빙(emotional well-being) 척도에서의 높은 점수를 나타내는 동시에 긍정적 기능, 즉 심리·사회적 웰빙(psychological and social well-being) 척도에서 높은 점수를 받는 것을 말한다. 둘째, 정신적 쇠약(languishing)은 정서적 웰빙 척도에서 낮은 점수를 나타내는 동시에 심리·사회적 웰빙 척도에서도 낮은 점수를 나타내는 것을 뜻한다. 중간 수준의 정신건강(moderately mentally healthy)은 플로리시와 정신적 쇠약 집단 어느 쪽에도 해당되지 않는 경우 분류된다. Keyes와 Lopez(2002)에 따르면, 이러한 정신건강 관련 3수준을 정신장애 여부와 조합하게 되면, 표 2-3과 같이 여섯 집단으

표 2-3 긍정적 정신건강 유형

구분	내용
플로리시	정신장애가 없고, 정신적 웰빙이 번영인 경우
중간 수준의 정신건강	정신장애가 없고, 정신적 웰빙이 중간 수준인 경우
정신적 쇠약	정신장애가 없고, 정신적 웰빙이 쇠약인 경우
정신적 쇠약 및 정신장애	정신장애가 있고, 정신적 웰빙이 쇠약인 경우
중간 수준의 정신건강 및 정신장애	정신장애가 있고, 정신적 웰빙이 중간 수준인 경우
플로리시와 정신장애의 공존	정신장애가 있고, 정신적 웰빙이 번영인 경우

로 분류할 수 있다.

이러한 여섯 가지 정신건강 유형을 보다 구체적으로 기술하면, 다음과 같다. 첫 번째 집단은 정신적 번영(flourishing) 상태에 속하는 사람들로서, 이들은 온전한 형태의 긍정적 정신 건강을 나타낸다. 다시 말해서 이들은 정신병리가 없으면서 동시에 높은 수준의 웰빙을 경험하는 사람들이다. 이들은 일상생활에서 긍정적인 감정을 많이 경험하고 또 심리사회적으로도 잘 기능하는 사람들에 해당된다. 두 번째 집단은 중간 수준의 정신건강을 경험하는 집단이다. 세 번째 집단은 정신병리는 없지만 웰빙 수준도 낮은 사람들로서, 정신적으로 쇠약한 상태(languishing)에 있다고 해석된다. 네 번째 집단은 정신장애가 있으면서 웰빙 수준도 낮은 사람들로서 이들은 인생에서 허우적거리는 (floundering) 상태에 있다고 기술된다. 사실상 이들은 가장 낮은 수준의 심리사회적 기능을 나타내는 것으로 알려졌다(Keyes, 2002). 전체적으로 이들은 공허하고 침체되어 있으며 정신적 번영 상태의 사람들에 비해 심리사회적 기능 수준이 떨어지는 사람들이다. 다섯 번째 집단은 중간 수준의 정신건강과 정신장애를 경험하는 집단이다. 마지막으로 여섯 번째 집단은 정신병리가 있으면서도 비교적 높은 수준의 긍정적 정서와 심리사회적 웰빙을 경험하는 사람들로서, 이들은 인생과 분투 (struggling)하고 있다고 표현된다.

이렇게 여섯 집단으로 분류할 때, 진정한 의미에서 정신적으로 건 강한 사람들은 '정신적 번영' 상태에 있는 사람들이라고 할 수 있다 (Keyes, 2007). Keyes(2002, 2005b, 2007)의 연구 결과에 따르면, 정신 건강 유형에 따라 사회적으로 얼마나 잘 기능하는지에 관한 각종 객관 적 지표들이 유의미한 차이를 보인다. 즉 성인의 경우 정신적 번영 집 단은 결근하는 일수가 다른 집단에 비해 적었고 일상 활동의 제약을 받는 기능적 손상 수준도 가장 낮았으며 만성적인 질병 역시 가장 적 게 경험하였다(Keyes, 2007). 또 심리사회적 기능 수준에서도 정신적 번영 집단이 가장 높았는데, 이들의 경우 삶에 대한 무력감 수준은 네 집단 중 가장 낮고 목표의식과 회복탄력성 및 친밀감은 가장 높은 것 으로 나타났다. 이러한 점들을 종합해 보면, 과거처럼 정신건강을 정 신병리의 유무 또는 상하 수준으로만 파악했을 때는 고려할 수 없었던 분투 및 정신적 쇠약 집단이 중요한 임상적 시사점을 갖게 된다. 즉 분 투 및 정신적 쇠약 집단은 정신건강을 기존의 정신병리 한 차원으로만 살펴볼 때는 관심의 대상이 되기 어려웠다. 하지만 이처럼 정신건강을 사분면의 형태로 파악할 때에는 적절한 심리학적인 개입이 필요한 집 단으로 간주될 수 있다. 쇠약 집단의 경우 만성화된 신체 질환을 가지 고 있는 경우가 많으며 심리사회적 기능 수준도 저하되어 있다고 보고되었다(Keyes, 2007). 따라서 이들에 대한 예방적 개입을 시도하는 것은 매우 중요한 사회적 과제라고 할 수 있다(김현정, 2012; 임영진, 고영건, 신희천, 김용래, 2010; Keyes, 2007). 또 분투 집단의 경우에는 정신병리가 있음에도 불구하고 높은 수준의 웰빙을 유지할 수 있다는 점에서 일요인 정신건강 모델로는 도저히 설명할 수 없는 산증인들에 해당된다.

일반적으로 정신병리가 있는 집단은 사회적 기능 수준이 낮고 만성적 질병도 더 많다. 하지만 쇠약 집단의 경우, 정신병리가 있음에도 불구하고 정신적 웰빙이 높은 분투 집단에 비해 더 낮은 수준의 심리사회적 기능을 보였고 또 신체적 건강상의 제약에 있어서도 비슷한 수준의 기능을 나타냈다(Keyes, 2007). 또 정신건강 수준에 따라 신체건강 상태도 다른 것으로 밝혀졌는데 번영 집단은 가장 낮은 수준의 만성 질환을 가지고 있었고 쇠약 집단 및 분투 집단에 해당하는 사람들은 그다음으로 많은 만성 질환을 가지고 있었으며 허우적거리는 집단은 만성 질환을 가장 많이 나타냈다. 이러한 비율은 다른 인구통계학적 변인 및 흡연이나 당뇨, 운동습관과 같은 변인을 통제한 후에도 여전히 유의미한 것으로 나타났다(Keyes, 2005a, 2007).

종단적 연구 결과는 정신건강 유형이 이후의 정신장애의 발병을 유의미하게 예측하는 것으로 나타났다. Keyes, Dhingra 및 Simoes(2010)는 1995년의 정신건강 유형이 10년 후의 정신장애를 예측하는지를 조사해 보았다. 그 결과, 지난 10년간 개인이 나타낸 정신건강 유형이 정신장애의 발병을 의미 있게 예측하였다. 예컨대, 지난 10년간 번영 유형을 계속 유지했던 사람에 비해 두 시점 모두 쇠약 유형으로 나타났던 사람은 정신장애 발병률이 6배나 더 높았다. 또 양호나 번영 유형에

서 쇠약 유형으로 정신건강 수준이 하락한 사람들은 계속해서 번영유
형을 유지했던 사람에 비해 정신장애 발병률이 약 8배 더 높았다.

이명자와 류정희(2008)가 한국의 고등학생들을 대상으로 청소
년 정신건강 모형을 연구한 결과에 따르면, 우리나라 청소년에게도
Keyes(2007)의 정신건강 유형 분류 체계를 적용하는 것이 가능하다는
점을 보여준다. 그들에 따르면, 연구자들의 기대대로 번영 집단이 다
른 집단에 비해 가장 우수한 심리사회적 기능을 보였다. 그러나 특별
한 문제행동을 보이지 않더라도 전반적인 웰빙 수준이 낮은 쇠약 집단
은, 문제행동이 있더라도 웰빙이 높은 분투 집단에 비해 적응유연성
이 더 낮고 무기력 수준도 더 높게 나타났다. 이러한 점은 쇠약 집단이
분투 집단에 비해 정신건강 수준이 상대적으로 더 낮다는 점을 의미한
다. 또 문제행동이 있으면서 웰빙 수준도 낮은 집단은 심리사회적 적
응 수준이 가장 낮은 것으로 나타났다. 따라서 청소년을 대상으로 정
신건강을 측정할 때 긍정적 정신건강 개념을 활용하는 것은 중요한 시
사점을 제공받을 수 있을 것으로 기대된다.

뚜렷한 문제행동을 보이지 않지만 정신건강 측면에서 취약성을 보
이는 청소년 쇠약 집단의 경우, 지금까지는 학교 장면에서 진행되는
정신건강 서비스 대상에서 제외되는 경향이 있었다. 하지만 이들도 정
신건강을 증진시키는 것이 절실히 요구되는 집단 중 하나에 해당된다
(Keyes, 2007). 이런 점에서 이들의 낮은 웰빙 수준에 대한 심리학적 개
입은 청소년기뿐만 아니라 성인기 이후의 정신병리나 문제행동을 예
방하는 역할을 할 수 있을 것으로 기대된다.

또 정신적으로 쇠약한 청소년 집단에 대한 관심은 사회의 전반적인
정신건강 수준을 증진하는 데도 중요한 기여를 할 수 있다. 예를 들어,

학교 폭력 문제의 경우 가해자나 피해자 외에도 방관자들을 위한 서비스가 필요한 것처럼(곽금주, 2008), 문제행동이 드러나지 않아도 정신건강 교양의 증진이 필요한 청소년들을 선별하여 그들에게 적합한 서비스를 제공하는 것은 학교 및 사회 전체의 정신건강 수준을 높이는 한편 정신건강 문제로 인한 사회 경제적 비용을 줄이는 데도 기여할 수 있을 것으로 보인다.

3) 기존의 건강행동 증진을 위한 개입기법에서의 한계 : 메시지 프레이밍의 부재

기존의 건강행동 증진을 위한 개입 프로그램들은 주로 치료자 중심 기법이 대부분이었다는 점에서 건강행동 증진을 위한 기법 측면에서 한계를 가지고 있다. 예를 들면, 기존의 건강행동 증진 프로그램에서는 설득커뮤니케이션 기법에 기초한 접근이 사실상 거의 이루어지지 않았다.

공중보건 영역에서는 대상자의 동기를 강화하여 건강 증진 행동을 선택하도록 유도하는 방법 중 하나로 설득적인 메시지 전략을 이용하는 것은 매우 보편적인 현상 중 하나이다(Gallagher, Updegraff, Rothman, & Sims, 2011). 하지만 우리나라의 경우 메시지의 설득 효과를 높이기 위해 전략적으로 메시지 프레이밍(message framing)을 사용한 접근이 거의 없는 편이다. 이지선(2012)이 대장암 수검 대상자를 참여자로 해서 이득 및 손실 메시지 프레이밍에 따른 건강신념 및 조기검진 이행 효과를 조사한 것과 이봉조와 구미옥(2009)이 당뇨교육에서 긍정적 메시지와 부정적 메시지의 효과를 비교한 연구 정도가 있는 수준이다. 메시지 프레이밍은 메시지를 전달하는 과정에서 동일한 내용을 긍정적 혹은 부정적인 형식으로 다르게 재구성함으로써 메시지의 설득효과에 변화를 가져오는 절차를 의미한다(Kahneman & Tversky, 1979).

지금까지 메시지 프레이밍 기법과 관련해서는 주로 광고효과(이명천, 나정희, 김지혜, 2006; 이종민, 류춘렬, 박상희, 2007; 조형오, 2000, 2005; 조형오, 김병희, 1999; 조형오, 이현세, 윤수윤, 1999)에 관한 내용이 주류를 이루는 편이었다. 따라서 향후 청소년을 대상으로 한 건강행동 증진을 위한 개입 프로그램에서는 기법상의 편향성을 극복할 필요가 있어 보인다.

최근에 보건복지부(2011)에서는 제3차 국민건강 증진종합계획 (2011~2020)을 발표하면서 학교를 기반으로 청소년의 건강행동을 증진하기 위해 대규모의 건강 증진 국가사업을 추진하기로 하였다. 이러한 사업 내에는 초·중·고등학교 학생들을 대상으로 질병과 사고를 예방하고 건강에 대해 올바른 지식과 습관을 형성하도록 함으로써 성인기 질병예방 및 평생건강의 기틀을 다지기 위한 청소년의 건강 증진 사업이 포함되어 있다. 보다 구체적으로 이 국가 프로젝트 내부에는 청소년의 흡연율을 낮추기 위한 청소년 흡연 예방 사업, 청소년 우울 및 스트레스 관리사업, 청소년 자살예방사업, 청소년 비만 예방 사업, 청소년 음주문제예방 사업, 그리고 청소년 신체활동 증진 사업 등이 포함되어 있다.

보건복지부(2011)에서 청소년 건강행동 증진을 위해 제시한 구체적인 실천전략을 살펴보면, TV 공익광고, 일간지 전면 안내 광고, 공익광고 전광판 운영 등의 광고활동에 초점을 맞추거나 학교에서의 교육, 선도 및 상담활동 등의 전문가를 통한 개입 프로그램에 역점을 두고 있다. 하지만 보건복지부(2011)의 무려 799쪽에 달하는 방대한 국민건강 증진종합계획(2011~2020) 문건 어디에도 메시지 프레이밍이라는 단어는 등장하지 않는다. 이러한 점은 청소년 건강행동 증진을 위한 개입전략 측면에서 설득커뮤니케이션 과정상의 비효율성 문제가 발생할 가능성을 시사한다.

3. 청소년에 대한 건강심리학적 개입의 목표

1) 청소년을 위한 건강 교양과 건강행동의 최적화 필요성

성인을 위한 건강관리와는 달리, 청소년들의 경우에는 현재의 건강 상태를 단순히 유지하기보다는 건강상의 발달을 최적화하는 데 역점을 두게 된다(Halfon & Inkelas, 2003). 청소년기는 건강심리학적인 관점에서 볼 때, 건강 및 질병 문제와 관련해서 중추적인 시기라고 할 수 있다. 그 이유는 다음의 세 가지 측면에서 살펴볼 수 있다.

첫째, 건강에 유익한 행동과 건강에 부정적인 영향을 주는 행동의 상당수가 청소년기에 고정되는 관계로 바로 청소년기가 예방적 개입을 위한 결정적인 시기이기 때문이다(Cohen, Brownell, & Felix, 1990). 둘째, 청소년기의 건강 문제는 발달적인 특수성과 밀접하게 연관되어 있으므로 성인기의 건강 문제에 비해서 심리학적인 개입의 역할이 더 중요한 영역이기 때문이다(Williams, Holmbeck, & Greenley, 2002). 셋째, 만성적인 질환이 아동기에 시작되는 경우, 성인기로 넘어가는 과도기인 청소년기에 건강행동이 어떻게 형성되는가에 따라 이후의 경과 및 치료 결과에 중요한 영향을 줄 수 있기 때문이다(Lavigne & Faier-Routman, 1992).

이러한 점을 고려해 볼 때, 청소년 건강행동에 대한 건강심리학적 개입 과정에서 건강 교양을 증진시키는 것은 필수적인 과제 중 하나라고 할 수 있다. 일반적으로 **건강 교양**(health literacy)은 건강의 증진과 유지를 위해서 정보를 습득하고 이해하고 사용하는 능력으로 정의된다(Nutbeam, Wise, Bauman, Harris, & Leeder, 1993). 신체적 건강 분야에서의 건강 교양의 예로는 건강한 다이어트에 대한 지식과 그 실천, 피부암 예방책의 실천, 유방자가검사의 실시, 응급처치기술 익히기, 그리고 도서관이나 인터넷에서 건강정보를 검색하는 방법의 습득 등을 들 수 있다. 하지만 지금까지 신체적 건강을 위한 건강 교양의 중요성은 널리 알려져 있는 반면에 정신건강 분야에서의 건강 교양의 중요성은 상대적으로 간과되어 왔다.

Jorm 등(1997)은 정신건강 교양을 '정신장애의 인식, 관리, 혹은 예방에 도움이 되는 정신건강 관련 지식과 신념'으로 정의하였다. 정신건강 교양의 구성요소는 다음과 같이 정리해 볼 수 있다. (1) 정신장애 혹은 심리적인 문제의 여러 가지 유형을 인식하는 능력, (2) 정신건강 관련 위험요인들에 대한 지식과 신념, (3) 정신건강 관련 자조적 개입에 대한 지식과 신념, (4) 정신건강을 향상시키기 위해 전문가들의 도움을 받는 것과 관계된 지식과 신념, (5) 정신건강 문제와 관련된 적절한 도움 구하기 행동을 촉진시키는 태도, (6) 정신건강 관련 정보를 탐색하는 방법에 대한 지식.

Keyes(2003, 2005a, 2007)에 따르면, 신체적 건강과 긍정적 정신건강이 완벽하게 일치하는 것은 아닐지라도 그 둘은 밀접한 관계가 있다. 가장 흔한 만성적 질환 중 다섯 가지인 위장 문제, 등과 허리 문제, 관절 문제, 고혈압, 건초열이 정신건강 유형에 따라 어떤 빈도로 나타나는지를 알아본 결과, 정신건강 상태가 만성적 질환 상태를 유의미하게 예측하는 변인인 것으로 나타났다(Keyes, 2003, 2005b, 2007). 특히 이러한 결과는 다른 인구사회 변인들인 BMI, 당뇨 상태, 흡연 여부, 신체적 운동 수준을 통제한 후에도 여전히 유의미한 것으로 드러났다.

2) 신체적 건강 영역에서의 긍정적 정신건강의 중요성

(1) 정신건강과 신체건강 간 관계

정신건강이 신체건강에 미치는 영향에 대한 선행연구들은 다분히 논쟁적인 결과를 보여준다. 특히 정신건강을 어떻게 정의 내리는가에 따라 구체적인 연구 결과에 대한 해석도 달라질 가능성이 있는 것으로 보인다.

Siahpush, Spittal 및 Singh(2008)는 오스트레일리아의 건강한 성인들을 대상으로 한 연구에서 행복과 삶의 만족은 유의미한 관계를 보인다고 주장하였다. 연구자들은 9,981명의 성인들을 3년간 추적한 결과, 높은 삶의 만족도를 보고한 참가자들은 기저선에서의 건강 수준 및 다른 공변인들을 모두 통제한 다음에도 상대적으로 높은 신체적 건강 수준을 나타냈다. 동시에 높은 삶의 만족도를 보고한 참가자들은 생활에 제약이 되는 건강상의 문제 증상들도 더 적게 나타냈다.

또 건강한 성인들을 대상으로 핀란드에서 이루어진 대규모 조사 결과(Koivumma-Honkanen et al., 2000), 높은 삶의 만족도는 20년 뒤의 낮은 사망률을 유의미하게 예측해 주었다. 그리고 미국에서 대규모 표본을 대상으로 한 조사를 했을 때도 역시 삶에 대한 만족도가 높은 사람들은 9년 뒤에 상대적으로 낮은 사망률을 나타냈다(Wingard, 1982). 대만 노인들을 대상으로 한 연구에서도 마찬가지 결과가 나타났다

(Mete, 2005).

긍정 정서는 만성 질환의 발생률 및 예후와도 밀접한 관계가 있는 것으로 보인다. Davidson, Mostofsky 및 Whang(2010)은 1,739명의 캐나다 성인들을 대상으로 긍정적 정서와 관상동맥 질환 간 연관성을 10년간 추적 조사했다. 이들은 분석 과정에서 우울 증상과 다른 부정 정서의 효과를 통제하였다. 하지만 나이, 성별 및 관상동맥 위험 요인들을 모두 통제한 다음에도 부정 정서는 관상동맥성심장질환(CHD)의 발병을 유의미하게 예측하는 것으로 나타났다. 대조적으로 높은 수준의 긍정 정서는 10년 후 CHD가 발병하는 데 의미 있는 보호 요인의 역할을 하는 것으로 나타났다.

하지만 이러한 연구 결과들에도 불구하고 정신건강이 신체건강에 미치는 효과가 과대평가되었다는 비판도 제기되고 있다. Veenhoven(2008)에 따르면, 정신건강과 신체건강 간 관계는 분명한 결론을 내리기에는 증거들 간의 불일치가 매우 큰 편에 해당된다. Veenhoven(2008)은 30개의 추적 연구 결과를 조사한 후, 신체적 질병을 겪고 있는 사람들의 생존기간에 있어 심리적 웰빙은 사실상 의미 있는 효과를 나타내지 않는다고 보고하였다.

이러한 점은 정신건강과 수명에 관한 연구에서도 마찬가지로 나타난다. O'Connor와 Vallerand(1998)는 노인들의 경우 삶의 만족도가 4년 후의 생존율을 유의미하게 예측하지는 못한다고 보고하였다. 또 Devins 등(1990)은 신장 질환 환자들의 4년 후 생존율과 긍정적 정서 및 행복이 유의미한 상관을 보이지 않았다고 주장하였다. 그리고 일본에서 이루어진 연구에서도 65세 이상의 재가 노인들을 3년간 추적한 결과, 행복과 긍정적 기분이 4년 후의 생존율에 유의미한 영향을 주지는 않는 것으로 나타났다(Kawamoto & Doi, 2002).

　이렇게 볼 때, 정신건강이 신체건강과 질병에 주는 영향에 관해서는 상반된 연구 결과들이 존재하는 것으로 보인다. Diener와 Chan(2011)은 이러한 상반된 결과가 나타는 것에 대해서 정신건강을 어떻게 측정하는가 하는 점과 연관된 문제라고 해석하였다. 정신건강과 신체건강 간 관계를 조사한 많은 연구들(예컨대, Watson, Haviland, Greer, Davidsonm, & Bliss, 1999)에서 정신건강에 대한 정의는 단순히 긍정정서 또는 긍정적 태도만을 평가하는 식으로 충분히 포괄적이지 않은 경향을 보였다. 따라서 정신건강과 신체건강 간 관계를 조사할 때는 정신건강을 보다 구체적이고 엄밀하게 정의 내리는 것이 필요해 보인다(예컨대, Keyes, 2003, 2007). 이런 관점에서 본서에서는 긍정적 정신건강과 신체건강 간 관계를 살펴보도록 하겠다.

(2) 긍정적 정신건강과 신체건강 간 관계

긍정심리학의 관점에서 볼 때, 긍정적 정신건강은 신체건강과 밀접한 관계가 있다. 예컨대, 긍정적 정신건강과 신체건강 간 관계에 대한 대표적인 증거는 낙관성과 신체건강의 관계에 대해 메타 분석한 연구(Rasmussen, Scheier, & Greenhouse, 2009)이다. 그 연구는 낙관주의와 신체건강에 대한 개별 연구 83개를 메타 분석하였다. 메타 분석은 동일한 주제를 다룬 과학 문헌을 대상으로 방법론적으로 타당한 연구들을 재분석한 후 통합된 결론을 내리는 절차를 말한다. 그 결과에 따르면, 83개 연구 중에서 암에 관한 연구는 18개로 참여 환자 수는 총 2,858명이었다. 메타 분석 결과, 낙관성 수준이 더 높은 사람이 암과 심장혈관 질환의 치료 결과가 더 좋은 것으로 나타났다. 또 비관주의와 냉소적인 적대감 모두 암 사망률을 상당히 정확하게 예측하는 것으로 나타났다. 또 이러한 요인은 심장혈관 질환으로 인한 사망에도 큰 영향을 주는 것으로 나타났다. 이러한 결과는 긍정적 정신건강이 신체 건강에 중요한 기여를 할 수 있음을 보여준다.

Keyes(2002, 2005b, 2007)는 정신건강을 정신적 웰빙과 정신장애의 두 축을 기준으로 정신건강의 상태에 따라 정신장애가 없는 사람들은 번영, 양호, 단순쇠약 중에 해당하고, 정신장애가 있는 사람들은 단순 장애와 쇠약장애 복합 중에 해당하는 다섯 가지 유형 분류를 제시하였다. 이에 따라 그는 미국 성인을 대상으로 한 대규모 코호트 연구에서 정신건강 유형과 만성적 신체 질환의 관계를 조사하였다. 그 결과 번영 유형은 만성 질환을 가장 적게 나타냈으며 쇠약장애 복합 유형에서 만성 질환을 가장 많이 나타냈다. 이러한 결과를 바탕으로 Keyes는 정신건강 상태가 만성적 질환 상태를 예측하는 유의미한 변인이며 이는 다른 인구사회 변인들인 BMI, 당뇨 상태, 흡연 여부, 신체적 운동 수준을 통제한 후에도 여전히 유의했다고 주장하였다.

또 심혈관 질환과 정신건강 간 관계에 대한 연구에서 Keyes(2004)는 45세에서 74세 사이의 여성에게서 정신건강 유형과 질환율이 유의미한 관계를 보였다고 보고했다. 그리고 나이에 따른 만성적 신체 질환과 정신건강 간 관계를 조사한 연구(Keyes, 2005a)에 따르면, 정신적 번영 유형은 만성 신체 질환에 보호 요인으로 작용할 수 있으며, 정신적 쇠약 유형은 성인기에 만성 신체 질환에 대한 위험요인이 될 수 있다고 제안했다.

3) 건강행동 증진을 위한 개입기법의 다각화

앞서 소개한 것처럼, 한국의 청소년들은 초등학교에서 고등학교로 올라갈수록 비만도 및 체형에 대한 불만족 수준이 증가하며 운동부족 그리고 정신건강에서의 취약성이 증가하고 있는 것으로 보인다. 그리고 한국의 청소년들은 안전불감증과 자살의 위험성도 심각한 수준인 것으로 나타났다. 또 가출 청소년들은 전체적으로 건강 위험 행동은 더 많이 하고 건강 증진 행동은 상대적으로 적게 하는 것으로 나타났다. 앞서 언급했듯이, 이러한 결과들은 현재 우리나라 청소년들의 건강 실태가 이미 적신호가 켜져 있는 상태임을 시사한다.

하지만 청소년을 대상으로 한 기존의 건강행동 증진을 위한 개입 프로그램은 정신건강 개념에서의 동일성의 허구 문제 그리고 메시지 프레이밍 절차를 거의 사용하지 않는다는 문제를 지니고 있다. 따라서 청소년을 대상으로 한 건강행동 증진 프로그램이 최적의 효과를 거두기 위해서는 다음의 두 가지 측면에서 다각화 노력이 필요해 보인다.

첫째, 청소년 건강행동의 증진을 위한 개입 기법 측면에서 문화적으로 재단된 메시지 프레이밍 절차가 필요할 것으로 보인다. 건강 서비스 영역에서 근거기반 수행(evidence based practice)은 매우 중요하다(오의금, 2005). 하지만 지금까지 살펴본 대로, 건강행동 증진을 위한 홍보 메시지들은 과학적인 조사 결과에 바탕을 두기보다는 임기응변적이거나 즉흥적으로 제작되는 경우가 많았다(이현우, 2003).

메시지 프레이밍은 건강행동 증진에 기여할 수 있는 심리학적 중재 방법의 하나로서 수용자의 행동을 변화시키는 데 가장 영향력 있는 변인 중 하나라고 할 수 있다(조형오, 2005). Tversky와 Kahneman(1979)이 제안한 전망이론은 메시지 프레이밍 기법을 활용하는 데 매우 유용한 지침서 역할을 할 수 있다. 전망이론에 따르면, 사람들은 의사결정을 하는 데 있어서 항상 합리적이거나 논리적이지는 않으며 선택 과정에서는 심리적 가치와 실제적 가치 간에 불일치가 발생할 수 있다. 이런 점 때문에 사람들은 의사결정 상황에서 동일한 결과를 산출함에도 불구하고 메시지 프레이밍 방식에 따라 상이한 선택을 할 수 있다.

메시지 프레이밍을 이용한 많은 연구들은 다양한 건강 증진 행동에 유의미한 영향을 주는 것으로 알려져 있다(Rothman & Salovey, 1997; Salovey, Rothman, & Rodin, 1998). 지금까지 메시지 프레이밍을 건강 영역에 적용한 연구로는 자외선 차단제 사용(Detweiler, Bedell, Salovey, Pronin, & Rothman, 1999), 흡연(Steward, Schneider, Pizarro, & Salovey,2004), HIV(Apanovitch, McCarthy, & Salovey, 2003), 암(Williams-Piehota, Pizarro, Schneider, Mowad, & Salovey, 2005) 등에 관한 연구들이 있다. 이러한 결과들은 청소년 건강행동의 증진을 위한 개입 과정에서도 과학적인 근거를 기반으로 한 설득적인 메시지 프레이밍 절차를 활용할 필요가 있음을 시사한다.

둘째, 청소년 건강상의 발달을 최적화하기 위한 전략을 수립하는 과정에서는 건강 교양을 증진하는 프로그램 속에 정신건강 교양을 향상시키기 위한 절차를 포함할 필요가 있어 보인다. 수용자의 정신건강 수준 및 유형과 같은 수용자의 특성은 메시지 프레이밍 효과에 의미 있는 영향을 줄 수 있기 때문이다(Staten, Birnbaum, Jobe, & Elder, 2006). 따라서 건강행동 증진 프로그램이 최적의 효과를 거두기 위해서는 메시지 프레이밍만으로는 불충분하며 긍정적 정신건강 기반 개입 프로그램이 동반될 필요가 있다.

고영건(2015)이 전국의 중학생 864명과 고등학생 899명, 총 1,763명을 대상으로 긍정적 정신건강 유형을 조사한 바에 따르면, 정신적 번영 유형, 즉 플로리시 집단은 약 31%인 것으로 나타났다. 현재 한국의 중·고등학교 청소년들의 경우 심리적 부적응을 경험하는 집단은 7.1%이고 정신적 쇠약 집단은 7.6%인 것으로 나타났다. 따라서 정신건강 증진을 위한 개입이 시급하게 요구되는 집단은 약 15% 수준이라고 할 수 있다.

정신적 웰빙 유형에 대한 분류 결과를 Keyes(2006)의 자료와 비교해 보면, 한국 청소년의 경우 플로리시 집단(한국 30.5%; 미국 38.3%)은 조금 적은 반면에 중간 수준의 정신건강 집단(한국 60.5%; 미국 55.4%)과 정신적 쇠약 집단(한국 9.0%; 미국 6.3%)은 상대적으로 더 많은 것으로 보인다. 이러한 점은 우리나라의 경우 정신건강 증진을 위한 사회적 노력의 방향이 정신적 쇠약 집단의 비율을 낮추는 동시에

표 2-4 한국 청소년의 정신건강 유형 분류

구분		빈도	퍼센트	누적 퍼센트
유형	플로리시	531	29.1	29.1
	중간 수준 정신건강	991	56.2	85.3
	정신적 쇠약	134	7.6	92.9
	심리적 어려움과 플로리시 공존 집단	25	1.4	94.3
	심리적 어려움을 겪는 중간 수준의 정신건강 집단	75	4.3	98.6
	심리적 부적응을 겪는 정신적 쇠약 집단	25	1.4	100.0
	합계	1,763	100.0	

정신적 번영, 즉 플로리시 상태에 있는 청소년의 수를 늘리는 방향으로도 함께 진행될 필요가 있음을 보여준다.

3

청소년 건강행동의
최적화와 메시지 프레이밍

1. 건강행동의 최적화를 위한 메시지 프레이밍의 필요성

1) 메시지 프레이밍의 개념

메시지 프레이밍은 Tversky와 Kahneman(1979)의 전망이론에 그 이론적 기반을 두고 있는 기법이다. 그들은 기존 주류 경제학의 효용함수와는 다른 새로운 가치함수(value function)를 제시하였다. 이 이론을 제안한 공로를 인정받아 심리학자였던 Kahneman은 2002년 노벨 경제학상을 수상했다.

전망이론은 준거 의존성(reference dependency), 민감도 체감성(diminishing sensitivity), 손실 회피성(loss aversion)을 주요한 특징으로 하는 심리적 가치 함수라고 할 수 있다. 여기서 준거 의존성은 사람들이 절대적인 변화보다는 상대적인 변화에 민감하기 때문에 어떤 것을 기준점(reference point)으로 삼는지에 따라 실제 평가가 달라지는 것을 말한다. 예컨대, 사람들에게 연봉이 4,800만 원인 A와 연봉이 4,000만 원인 B 중에서 누가 더 행복해할 것 같은지 물어보면 대부분의 사람들은 연봉이 4,800만 원인 A가 더 행복하다고 대답한다. 하지만 바로 직전 년도 연봉이 각각 5,000만 원과 3,800만 원이었다는 정보를 추가로 제시하면 A보다 B가 더 행복해할 것이라고 말하게 된다. 이러한 현상이 바로 준거 의존성에 해당된다.

민감도 체감성은 한계효용체감의 법칙처럼 심리적 가치 함수의 기울기가 점점 둔화되는 것을 말한다. 이것은 이익이나 손실의 액수가 커짐에 따라 변화에 따른 민감도가 감소하게 된다는 점을 의미한다. 불을 약하게 켜더라도 어두운 방은 매우 밝아질 수 있다. 하지만 똑같

은 수준의 불을 밝히더라도 원래 환하던 방에서는 새로운 불이 켜졌다
는 사실을 인지하지 못할 수 있다. 마찬가지로 9,900만 원과 1억 원 사
이에서 체험되는 100만 원의 차이는 100만 원과 200만 원 사이에서 경
험되는 차이와는 확연히 다를 수 있다. 9,900만 원과 1억 원 사이에서
체험되는 100만 원의 차이는 100만 원과 200만 원 사이에서 경험되는
차이보다 훨씬 미미할 수 있다.

손실회피성은 사람들이 똑같은 크기의 이익과 손실에 대해서도 이
익에서 얻는 기쁨보다 손실에서 느끼는 고통을 더 크게 지각하는 경향
이 있다는 것을 말한다. Kahneman(2011)은 이러한 불균형 또는 비대
칭성을 진화의 산물로 해석하였다. 기회보다 위험을 더 중시하는 유기
체들이 생존과 번식 가능성 면에서 더 유리하기 때문이다. 전망이론에
따르면, 기본적으로 사람들은 손실을 줄이려고 하는 경향이 있다.

이처럼 전망이론은 준거 의존성, 민감도 체감성, 손실 회피성과 같

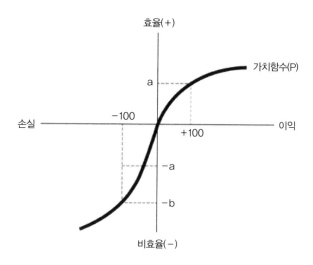

그림 3-1 ▶ **전망이론에서의 가치함수**

은 인간의 심리를 모형화한 것이다. 이러한 전망이론에서 말하는 심리적 가치함수는 그림 3-1에서처럼 이익영역에서는 감소함수(concave)를 나타내고, 손실영역에서는 증가함수(convex)를 나타내는 형태의 S자 곡선으로 표현할 수 있다. 단, 손실영역에서의 함수 기울기가 이익영역에서의 함수 기울기보다 더 큰 경사도를 나타낸다는 특징을 갖고 있다. 결과적으로 그림 3-1에서처럼, 동일한 금액의 이익(+1,000)과 손실(-1,000)이 있는 조건하에서 사람들은 1,000원의 이익에서 얻는 심리적 만족감 또는 심리적 효용(그림 3-1의 a)보다 1,000원의 손실에서 느끼는 심리적 불만족 또는 심리적 손실(그림 3-1의 -b)이 더 크기 때문에 손실을 회피하려고 한다.

2) 메시지 프레이밍과 4중 패턴

Kahneman(2011)에 따르면, 사람들은 화폐의 액면 가치 그 자체보다는 이득과 손실에 심리적 가치를 부여하며 사람들이 특정 대상에 부여하는 의사결정을 위한 가중치는 수학적 확률과는 분명히 다르다고 주장하였다. 사실 그의 두 주장 각각을 떼어놓고서 본다면, 그것들은 당연한 것처럼 보이기도 하지만, 그 두 가지 요소를 통합할 경우, 4중 패턴이라고 부르는 독특한 선호도 패턴을 탄생시킨다.

표 3-1에서 A, C, D 영역은 대부분의 사람들에게 익숙한 영역에 해당된다. 전망이론이 새로운 해석틀을 제시해 주는 영역은 바로 B 영역이다. 사실 사람들이 종종 처하게 되는 불행한 사건들은 B 영역과 밀접한 관계가 있다. 불행한 상황에 처한 사람들은 커다란 손실을 면할 수 있다는 일말의 기대감에서 더 큰 손실을 낳을 수 있는 위험한 의사결정을 하는 경향이 있다. 즉 최악의 상황에 처한 사람들은 절박한 심정

표 3-1 **4중 패턴**

구분	이익	손실
확실성 효과 (높은 확률)	**A 영역(투자 관련 영역)** • 천만 원을 딸 확률 95%(전망) • 실망의 두려움(핵심감정) • 위험 회피(행동패턴) • 비우호적 해결 수용(태도)	**B 영역(불행한 사건 관련 영역)** • 천만 원을 잃을 확률 95%(전망) • 손실회피 기대(핵심감정) • 위험 추구(행동패턴) • 우호적 해결 거부(태도)
가능성 효과 (낮은 확률)	**C 영역(복권 관련 영역)** • 천만 원을 딸 확률 5%(전망) • 대규모 이익 기대(핵심감정) • 위험 추구(행동패턴) • 우호적 해결 거부(태도)	**D 영역(보험 관련 영역)** • 천만 원을 잃을 확률 5%(전망) • 대규모 손실 우려(핵심감정) • 위험 회피(행동패턴) • 비우호적 해결 수용(태도)

때문에 상황을 더 심하게 악화시킬 수 있는 위험한 시도를 하게 된다. 이것이 바로 많은 사람들이 패배가 확실한 상황에서도 무의미하게 끝까지 싸우기로 결심하게 되는 이유이기도 하다.

B 영역에서의 행동은 기본적으로 결정가중치 문제와 밀접한 관계가 있다. 표 3-2는 Kahneman(2011)이 도박에 관한 확률과 이에 대응되는 사람들의 선호도 추정치를 나타낸 것이다. 먼저 결정가중치와 양극단의 확률은 일치한다. 즉 사건이 일어날 확률이 0%이거나 100%이면 각각에 대한 결정가중치도 동일해진다. 하지만 극단에서 벗어날 경우, 결정가중치는 확률과 커다란 차이를 보인다. 예를 들면, 5%의 확률에 부여된 결정가중치는 13.2가 된다. 즉 C 영역의 도박사 눈에는 5%의 확률이 13.2%의 가능성으로 지각된다는 것이다. 신경과학 분야의 연

표 3-2 **결정가중치**

확률	0	1	2	5	10	20	50	80	90	95	98	99	100
결정 가중치	0	5.5	8.1	13.2	18.6	26.1	42.1	60.1	71.2	79.3	87.1	91.2	100

구 결과에 따르면, 상금획득 확률의 변화에 반응하는 뇌 영역의 활동은 이러한 결정가중치와 대단히 유사한 것으로 나타났다(Kahneman, 2011).

3) 건강행동의 선택과 메시지 프레이밍

메시지 프레이밍 절차에서는 인간이 가지고 있는 두 가지 중요한 동기가 **촉진**(promotion)과 **방어**(prevention)라는 상이한 두 방향에 기초하고 있으며, 이러한 두 가지 동기에 기초한 행동도 **접근**(approach)과 **회피**(avoidance)로 나타난다고 가정한다. 여기서 중요한 점은 한 개인의 동기가 어떤 것에 근거하느냐에 따라 그 동기에 접근하는 메시지의 형태도 달라져야 한다는 것이다. 예를 들어, 두 사람이 외형적으로는 모두 같은 정도로 하고 있다 하더라도 한 사람은 촉진 동기, 다른 사람은 방어 동기에 근거하여 일을 열심히 하고 있는 것이라면, 전자는 "이 일을 잘해서 좋은 무언가를 얻자."라는 메시지에 더 잘 설득될 것이고 후자의 사람에게는 "이 일을 잘해서 불행한 일을 막자."라는 메시지가 더 설득력 있다는 것이다. 이러한 대응성은 매우 다양한 분야의 연구들에서 확인이 되었으며, 따라서 건강 증진 영역에서의 메시지 프레이밍 과정에도 직접적인 적용이 가능할 것이다.

Fishhoff와 MacGregor(1993)의 위험 인식 연구에 따르면, 질병 사망률에 대한 사람들의 판단과 평가는 얼마나 많은 사람들이 사망할 것인가 또는 생존할 것인가라는 질문형식에 따라 달라진다. 다시 말해서 질병과 관련된 치료법을 선택할 때 95% 사망률이라는 부정적 프레이밍보다는 5%의 생존율이 있다는 긍정적 프레이밍이 사람들에게는 훨씬 더 긍정적 기대감을 부여한다는 것이다. Gurm과 Litaker(2000)도 이와 비슷한 결과를 제시하였다. 그들은 혈관 확장술의 위험과 관련된 2개의 비디오를 환자들에게 보여주었는데 환자들은 합병증 가능성이 100분의 1이라고 한 프레이밍에 비해 시술과정이 99% 안전하다고 프레이밍한 치료법을 선택하는 경향이 있었다.

전망이론에 따르면, 건강행동에 관한 메시지 프레이밍의 영향을 구분하는 데 유용한 한 가지 변인은 건강행동의 유형, 즉 질병에 관한 **탐지 행동**인지 아니면 **예방 행동**인지 여부이다(Rothman & Salovey, 1997; Salovey et al., 1998). 이때 예방 행동과 탐지 행동의 결정적인 차이는 위험에 대한 지각 정도가 된다. 매모그래피(mammography) 또는 팹테스트(pap test)와 같은 탐지 행동들은 일반적으로 위험한 것으로 지각되는 경향이 있는데, 왜냐하면 그러한 검사 결과 건강에 문제가 있는 것으로 나타날 수 있기 때문이다(Banks et al., 1995; Meyerowitz & Chaiken, 1987).

전망이론에서는 손실이 부각되는 형태로 메시지가 전달될 때 사람들은 그러한 위험성을 내포하는 대안(예컨대, 매모그래피 검진)을 선택하게 될 가능성이 높아진다고 가정한다. 따라서 탐지 행동을 선택하는 것은 손실 프레이밍된 메시지들에 의해 가장 잘 촉진될 것이다. 이와는 대조적으로 예방 행동은 탐지 행동보다는 위험성에 대한 각성 수준이 상대적으로 낮은 상태에서 수행된다. 예를 들면, 자외선 차단제(sunscreen)를 사용하는 것은 피부암에 대한 직접적인 예방 효과가 있지만, 탐지 행동들처럼 검진 후에 부정적인 결과가 나타날까 봐 걱정하는 것과 같은 문제는 거의 존재하지 않는다(Rothman, Salovey, Antone, Keough, & Martin, 1993).

청소년들이 자신들의 건강을 최적화하기 위해 노력하는 것은 상대적으로 손실보다는 이익이 부각되는 상황이라고 할 수 있다. 따라서 전망이론에서는 청소년들이 건강행동을 선택하는 것이 이익 프레이밍 된 메시지들에 의해 가장 잘 촉진될 것으로 예상할 수 있다.

4) 건강 관련 예방행동과 이익 및 손실 프레임

한 연구에서 Detweiler와 동료들(1999)은 피부암 예방을 위해서 자외선 차단제를 발라야 한다는 내용을 이익 프레임과 손실 프레임 메시지로 만들어 브로슈어를 제작해 배포했다. 이 연구는 연구 참여자들이 메시지를 읽은 후 자외선 차단제 무료샘플을 신청할 수 있도록 디자인했는데, 이익 프레임의 메시지를 본 사람들 중에서 무료 샘플을 신청하는 사람이 더 많았다. 즉 피부암 예방활동과 관련해서는 이익 프레임의 메시지가 더 효과적이었다고 할 수 있다.

그러나 이익 프레임의 메시지가 모든 종류의 예방활동에 효과가 있는 것은 아니다. O'Keefe와 Jensen(2007)은 메시지 프레이밍의 효과와 관계된 93편의 연구를 메타분석한 결과, 질병 예방과 관련된 행동에 대해서는 손실 프레임보다는 이익 프레임 메시지의 설득 효과가 더 높기는 하지만 그 차이가 크지는 않다고 보고하였다. 다만 구강 위생과 관계된 행동에 대해서는 이익 프레임의 메시지가 손실 프레임의 메시지보다 더 효과적이었다. 이러한 결과는 전망이론에 기초해 해석하는 것이 가능하다.

구강 위생 행동은 행동에 따른 이익을 비교적 가시적으로 예측하는 것이 가능한 행동에 속한다. 따라서 이익 프레임의 효과가 비교적 분명하게 나타날 수 있다. 반면에 대부분의 건강 관련 예방 활동들은 상대적으로 자신이 선택했던 행동의 결과가 불확실한 경향이 있다. 예를 들면, 독감 예방 접종의 경우, 독감을 예방하는 효과적인 행동임이 분명하지만 예방주사를 맞는다고 해서 감기로부터 완벽하게 보호받는 것은 아니다. 이런 점에서 독감 예방 접종의 경우 일반인이 그 효과를 분명하게 인지하는 데는 한계가 있을 수 있다.

흡연자를 대상으로 한 Toll과 동료들(2007)의 연구를 보면 최소한 금연행동에 대해서는 메시지 프레이밍의 효과가 일정 기간 동안은 나타날 수 있을 것으로 보인다. Toll과 동료들은 258명의 흡연자들을 무작위로 나누어 한 집단에게는 이익 프레임의 메시지를 제시하고 다른 집

표 3-3 이익 프레임과 손실 프레임 메시지

매체	이익 프레임 메시지	손실 프레임 메시지
비디오1	금연하려는 이유가 확고하다면, 금연에 성공할 가능성이 더 큽니다.	금연의 이유를 확실하게 하지 않으면 금연에 실패할 가능성이 높습니다.
비디오2	미국에 흡연자가 없다면 매년 43만 명이 더 살 수 있습니다. 금연은 신체적 건강뿐만 아니라 사회생활에도 긍정적인 영향을 미칩니다.	미국에서는 흡연 때문에 매년 43만 명이 생명을 잃습니다. 흡연은 몸을 해칠 뿐만 아니라 사회생활에도 부정적인 영향을 미칩니다.
물병 (판촉물)	당신이 금연을 하면, 당신의 건강은 당신의 통제하에 있는 것이 됩니다. 이 경우 당신은 돈을 절약하게 됩니다. 당신은 건강해 보일 것이고 스스로 건강함을 느낄 수 있습니다.	당신이 흡연하면 당신의 건강은 당신의 통제 밖에 있는 것이 됩니다. 이 경우 당신은 돈을 낭비하는 것이 됩니다. 당신은 아파 보일 것이고 스스로도 피곤함을 느끼게 될 것입니다.
인쇄물	금연을 결심하십시오. 금연의 어려움을 어떻게 극복할 것인지 스스로 긍정적인 태도로 생각해 보세요. 금연의 좋은 점들을 모두 기록해 보세요. 매일 잠자리에 들기 전에 그 좋은 점들을 세 번씩 반복해서 생각해 보세요.	금연을 확실히 결정하세요. 금연이 얼마나 어려울지 부정적으로 생각하지 마세요. 흡연의 대가를 모두 기록해 보세요. 매일 잠자리에 들기 전에 그 대가들을 세 번씩 반복해서 생각해 보세요.

단에는 손실 프레임의 메시지를 제시한 후 메시지 수용자들의 금연 행동을 조사하였다. 이때 메시지들은 비디오를 비롯해 다양한 매체를 통해 제시되었다. 이 연구에서 사용된 매체와 메시지는 표 3-3에 제시되어 있다.

연구 결과, 손실 프레임 메시지에 노출된 참가자들에 비해 이익 프레임 메시지에 노출된 참가자들의 금연 기간이 더 길었다. 그러나 연구가 시작된 지 3개월과 6개월이 지난 다음에 금연 행동을 추가 조사했을 때는 두 집단 간에 차이가 관찰되지 않았다.

질병을 탐지하는 것과 관련된 검진행동의 경우, 손실 프레임의 효과는 비교적 일관된 것으로 보인다(Rothman, Salovey, Antone, Keough, & Martin, 1993). 하지만 일부 연구들에서는 손실 프레임이 효과가 없는 것으로 보고되었다(Lalor & hailey, 1990; Lauver & Rubin, 1990; Lerman et al., 1992). 다만 이들 중 2편(Lauver & Rubin, 1990; Lerman et al., 1992)에서는 1차 검진 때 비정상 판정을 받았던 참여자들이 2차 검진을 받도록 한 것으로서, 이미 권고 행동을 따라야 할 충분한 내적 동기를 가지고 있었기 때문에 메시지 프레이밍의 효과가 추가적으로 나타나지 않았을 가능성이 있다.

2. 주요 메시지 프레이밍 기법

1) 선택설계와 메시지 프레이밍

(1) 메시지 프레이밍과 두 가지 사고 유형

메시지 프레이밍에서의 핵심 원리는 일반적으로 동일한 내용의 메시지들일지라도 그것들이 어떻게 틀 지어지는가에 따라 그러한 메시지

표 3-4 사고체계

자동시스템(직관적이며 자동적인 사고방식)	숙고시스템(합리적이고 심원한 사고방식)
통제할 수 없다.	통제할 수 있다.
노력이 필요 없다.	노력이 요구된다.
결합적이다.	연역적이다.
신속하다.	느리다.
무의식적이다.	의식적이다.
능란하다.	규칙을 따른다.

들에 대한 사람들의 반응 역시 달라진다는 것이다. 기본적으로 이러한 일이 일어나는 이유는 인간에게 두 가지 사고방식이 존재하기 때문이다. 이러한 관점에서 Thaler와 Sunstein(2008)은 인간의 사고체계를 **자동시스템**과 **숙고시스템**으로 구분하였다. 표 3-4에는 이 두 가지 시스템의 특징이 제시되어 있다.

Thaler와 Sunstein(2008)에 따르면, 자동시스템은 신속하고 직감적인 방식으로 의사결정을 진행하며 우리가 전형적으로 '사고'라고 부르는 인지 과정을 수반하지 않는다. 일상생활에서 반사적으로 이루어지는 행동들이 주로 이러한 자동시스템과 연관이 있다. 이러한 두뇌활동은 뇌과학자들이 주로 원시뇌 혹은 파충류의 뇌라고 부르는 기관과 밀접한 관계가 있다(Vaillant, 2008). 반면에 숙고시스템은 보다 신중하고 의식적인 측면이 강하다. 생활에 요구되는 전형적인 사고과정이 바로 이러한 시스템에 속한다. 책을 읽거나 신문을 보거나 업무를 볼 때 대체로 이러한 숙고시스템이 가동된다.

하지만 자동시스템 및 숙고시스템이 특정 활동과 고정적으로 짝 지어져 있는 것은 아니다. 예를 들면, 일반적으로 숙달된 운전자는 운전을 할 때 자동시스템을 활용하지만 초보운전자는 숙고시스템에 의존

하는 경향이 있다. 또 일반인들의 경우 모국어를 사용하는 것은 자동 시스템과 관계가 있지만 외국어를 사용하는 것은 숙고시스템과 관계가 있다. 하지만 이중언어자들은 외국어를 사용하는 경우에도 주로 자동시스템을 이용할 수 있다.

이러한 자동시스템 및 숙고시스템은 건강행동과도 밀접한 관계가 있다(Thaler & Sunstein, 2008). 예를 들면, 10대 후반의 청소년들이 운전을 할 때 성인에 비해 안전사고의 위험성이 증가하는 이유는 10대 후반의 청소년들은 운전 시 자동시스템을 활용할 수 있을 만큼 충분히 반복해서 훈련을 하지 않는 반면에 숙고시스템을 적극적으로 사용할 마음의 준비가 안 되어 있기 때문이다.

자동시스템과 숙고시스템이 기능하는 방식의 차이는 그림 3-2에 제시된 두 테이블을 비교하는 과제를 통해 분명하게 확인해 볼 수 있다(Thaler & Sunstein, 2008). 그림 3-2의 A에서 거의 모든 사람들은 두 테이블의 크기가 다르다고 생각한다. 대조적으로 그림 3-2의 B에서는 거의 모든 사람들이 두 테이블 상판의 크기가 같다고 생각한다. 하지만 실제로는 그림 3-2의 A와 B 속 테이블들의 상판의 크기는 모두 같

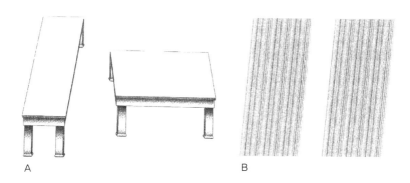

A   B

그림 3-2 ▶ 두 개의 테이블

다. 하지만 거의 모든 사람들은 그림 A에서는 다르지만 그림 B에서는 같다고 판단한다. 이것이 바로 자동시스템이 작동하는 예에 해당된다. 반면에 숙고시스템에서는 자로 재는 것을 비롯해 다양한 방법을 이용해 그림 속 모든 테이블 상판의 크기가 같다는 것을 알아낼 수 있다.

Thaler와 Sunstein(2008)은 현실인간이 합리적 존재와는 달리, 비합리적인 사고와 행동특성으로 부적절한 선택 경향을 갖는다고 제안하였다. 그들에 따르면, 우리는 호모 이코노미쿠스(Homo Economicus)가 아니라 호모 사피엔스일 뿐이다. 즉 가상의 존재(이콘: Econ)가 아니라 실제적인 존재(Human)인 것이다.

건강 관련 문제 영역에서 인간이 비합리적인 선택을 하는 점은 일반인뿐만 아니라 의사와 같은 전문가에게서도 마찬가지로 나타난다. Redelmeier와 Shafir(1995)는 의사들에게 의학적 문제 상황을 재구성해 제시함으로써 의료장면에서 일어날 수 있는 비합리적인 선택의 위험성을 생생하게 보여주었다. 그들은 의사들에게 다음과 같은 의학적 딜레마 상황을 제시하였다.

한 의사가 고관절염으로 고질적인 통증에 시달리는 67세 환자의 의료기록을 살펴봐 달라는 요청을 받았다. 이 환자는 과거에 통증 치료를 위해 다양한 약물치료를 받았지만 그러한 처방들은 사실상 별다른 효과가 없었다. 이러한 상황에서 담당 의사는 보다 적극적인 수술기법으로서 고관절 치환수술을 시도하기로 결정했다. 이 수술은 환자에게 대단히 심각한 고통을 줄 수 있으며 회복도 매우 느린 것으로 알려져 있다. 그런데 수술을 시행하기 직전에 새로운 사실이 전해졌다. 그 환자가 아직 한 가지 약물처방을 받은 적이 없다는 것이다. 이제 의사는 딜레마에 봉착하게 된다. 대단히 많은 약물처방이 효과가 없는 상황에서 나머지 한 가지 약물을 추가로 처방을 해야 할지 아니면 이전의 계획대로 고관절 치환수술을 시도할 것인지를 결정해야 하는 것이다.

Redelmeier와 Shafir(1995)에 따르면, 이러한 딜레마 상황에서 의사들은 약 47%가 위험한 수술을 피하기 위해 약물치료를 선택하겠다고 답변하였다. 그런데 조건을 바꾸어 아직 처방되지 않았던 약물이 하나가 아니라 두 개인 것으로 늘어나게 되면, 오히려 약물치료를 선택하겠다고 답변하는 비율이 28%로 줄어들었다. 적어도 확률적인 관점에서 본다면, 위험한 수술을 하지 않고도 약물로 치료될 수 있는 가능성은 미처방 약물이 하나인 상황보다는 두 개인 상황이 더 높다고 할 수 있다. 하지만 이처럼 환자의 관점에서는 수술을 하지 않고도 약물로 치료될 수 있는 확률이 더 높은 조건이 의사의 의사결정 상황으로 넘어가게 되면 오히려 확률이 더 낮은 사건이 되어 버린다.

Heath와 Heath(2010)는 이러한 현상을 '결정마비(decision paralysis)'라고 불렀다. 결정마비란 선택권이 늘어날수록 합리적인 의사결정 과정 상의 마비가 일어나 결국 비합리적인 선택이 일어나도록 만드는 것을 말한다.

Thaler와 Sunstein(2008)에 따르면, 전형적으로 비현실적인 존재로서의 이콘(Econ)은 인센티브에 반응하는 존재이다. 하지만 인간은 다르다. 인간은 인센티브에도 반응하지만 인간의 선택은 정황과 맥락에 의해서도 커다란 영향을 받는다. Thaler와 Sunstein(2008)은 타인의 선택을 유도하는 부드러운 심리학적 개입방법을 '넛지(Nudge)'라고 불렀다. 그리고 사람들이 결정을 내리는 배경이 되는 정황 또는 맥락을 만드는 사람을 '선택설계자(Choice architect)'라 정의하였다.

Thaler와 Sunstein(2008)의 관점을 메시지 프레이밍 이론과 접목을 시키면, 결국 메시지 프레이밍 절차는 일종의 선택설계를 진행하는 상황과 유사하다고 할 수 있다. 메시지 프레이밍 절차에서는 행동 변화를 위한 레버리지 포인트(leverage point)를 발견하는 것이 중요하다. 레버리지 포인트는 커다란 변화를 낳는 미묘한 차이를 말한다(Reinertsen, Bisognano, & Pugh, 2008). 이것은 마치 누군가가 커다란 바위를 옮겨야 하는 과제에 직면했을 때, 무작정 안간힘을 쓰기보다는 현장을 잘 살펴 지렛대 역할을 할 만한 것을 발견해내는 것과 유사하다. 이런 점에서 메시지 프레이밍 절차에서 참조할 만한 선택설계 사례들을 살펴보도록 하겠다.

(2) 선택설계와 건강행동
① 니코틴 패치 없이 금연하기

MIT의 빈곤퇴치 실험 연구소(Poverty Action Lab)는 니코틴 패치 없이 금연의 효과를 높일 수 있는 흥미로운 사회 실험을 진행하였다(Thaler & Sunstein, 2008). 이 사회 실험의 절차는 다음과 같다.

먼저 금연 희망자는 **케어스**(CARES)로 불리는 금연약속운동(Committed Action to Reduce and End Smoking)의 약자를 따서 별칭을 지은 저축 프로그램에 가입을 한다. 이때 금연 희망자들은 최소 1달러 이상의 예금을 토대로 계좌를 개설한다. 그 후 6개월간 개인별로 6개월치에 해당되는 담뱃값을 추가로 예금한다. 때때로 필요하다면 은행 직원들이 직접 방문해서 수금을 하기도 한다. 그런 다음 6개월이 지났을 때, 프로그램 관리자를 통해 소변 검사를 진행한다. 만약 소변 검사에 통과를 하면 돈을 돌려받지만 통과하지 못하는 경우에는 계좌가 폐쇄되고 잔금은 자선단체에 기부된다.

MIT의 빈곤퇴치 실험 연구소는 이러한 프로그램을 통해 금연성공률이 53%로 올라갔다고 보고하였다. 이러한 결과는 금연희망자들이 니코틴 패치를 사용할 때보다도 더 높은 성공률에 해당된다.

MIT 빈곤퇴치 실험 연구소의 금연 프로그램이 성공하게 된 비결을 분석할 때 결코 빼놓을 수 없는 요소가 한 가지 있다. 바로 금연약속운동의 이름이 케어스(CARES)였다는 점이다. 이것은 메시지 프레이밍의 좋은 예가 될 수 있다. 케어스(CARES) 프로그램은 참여자들의 금연동기 이외에 추가로 이타적 동기를 활성화함으로써 참여자들의 동기를 강화할 수 있었던 것으로 보인다.

사실 금연 프로그램에서의 핵심적인 이슈 중 하나는 바로 금연동기를 강화하는 일이다. 일반적으로 금연 프로그램들에서는 참여자들을 은연중에 병에 걸리기 쉬운 환자 취급하는 경향이 있다. 반면에 케어스 프로그램은 참여자들이 자선단체의 의미 있는 기부 프로그램에 참여하는 것으로 스스로를 포지셔닝(positioning)하도록 도움으로써 중증 환자 취급받는 다른 프로그램에 비해 참여동기를 더 강화할 수 있을 것으로 기대된다.

② HOPE와 EPOH의 놀라운 차이

미국의 내과의사 Buchholz(1988)는 서구 의학 저널(The Western Journal of Medicine)에 게재한 '희망의 의학적 활용'이라는 흥미로운 논문을 발표했다. 그 논문에는 메시지 프레이밍과 연관된 흥미로운 사례가 소개되어 있다.

한 병원에서 두 명의 종양내과 의사들이 전이성 폐암 환자들을 대상으로 한 연구 결과를 미국임상종양학회(American Society of Clinical

Oncology) 연차대회에서 발표하기 위해 논문을 준비하고 있었다. 그들은 동일한 약물을 사실상 똑같은 용량만큼 똑같은 투약 간격으로 똑같은 진단을 받은 환자들에게 사용했다. 하지만 한 의사가 맡은 환자들은 겨우 22%의 반응률을 보인 반면에 또 다른 의사가 맡았던 환자들은 무려 74%의 반응률을 나타냈다. 이러한 일이 전이성 폐암 환자들에게서 나타난다는 것은 전대미문의 일이었다. 추가 분석 결과, 두 명의 의사는 모두 둘 다 에토포사이드(Etoposide), 플라티놀(Platinol), 온코빈(Oncovin) 그리고 하이드록시유리아(Hydroxyurea)를 사용했으나 한 명은 그것을 환자들에게 에포(EPOH)라는 이름으로 소개했던 반면에 다른 한 명은 호프(HOPE)라는 이름으로 소개했다.

③ 스탬프 효과 활용하기

Heath와 Heath(2010)는 앞서 '들어가는 글'에서 소개했던 Crum과 Langer(2007)의 흥미로운 청소부 실험을 선택설계의 맥락에서 재해석하였다. 그 실험에서 청소일이 운동 효과가 있다는 메시지를 전달받은 집단은 약 0.8kg 정도의 체중감량이 나타난 반면에 그러한 메시지를 전달받지 못했던 집단은 체중변화를 보이지 않았다.

Heath와 Heath(2010)는 이러한 효과가 위약 효과와는 다른 것이라고 주장하였다. 그들에 따르면, 위약 효과는 공통적으로 참여자 자신의 주관적인 상태에 대한 믿음에서의 변화를 초래한다. 예를 들면, 위약을 처방받은 두통 환자가 증상이 개선되었다고 보고하는 것이다. 하지만 Crum과 Langer(2007)의 실험에서는 실제 체중상의 변화가 동반되었다. 그리고 이러한 변화는 단순히 우연이라고 설명하기에는 통계적으로 충분히 의미 있는 차이에 해당되었다.

Heath와 Heath(2010)는 Crum과 Langer(2007)의 실험 결과를 메시지 전달을 통한 동기강화 효과로 설명하였다. 청소일이 운동 효과가 있다는 메시지를 전달받은 집단의 경우에는 운동 목표를 기준으로 할 때, 출발선상에 서 있는 것이 아니라 유사한 상황에 있는 다른 사람들에 비해 자신들은 이미 20% 정도는 앞서 나가있다고 스스로의 모습을 인식하게 되었다는 것이다. Heath와 Heath(2010)는 이것을 **스탬프 효과**라고 불렀다. 스탬프 효과는 커피 전문점 같은 곳에서 활용하는 보너스카드에 도장이 하나도 찍혀 있지 않은 상태에서 배부하지 않고 목표치 10개 중 미리 2개를 찍은 상태에서 고객들에게 배부할 때 기대되는 효과를 말한다.

스탬프 효과를 검증하는 전형적인 실험에서는 고객들에게 전달되는 메시지는 두 가지 형태로 조작된다. 한 조건에서는 0에서 출발해서 총 8개의 스탬프를 받는 것이 목표로 제시된다. 반면에 다른 조건에서는 2개의 스탬프를 받은 상태에 시작해서 총 10개의 스탬프를 받는 것이 목표로 제시된다. 두 가지 조건 모두에서 고객들이 달성해야 하는 목표는 동일하다. 하지만 한 조건에서는 고객들이 처음부터 시작해야 한다는 부담감을 느끼는 반면에 다른 조건에서는 이미 목표의 20%가 달성되었다는 느낌을 받는다. 이러한 메시지 프레이밍의 결과는 충분히 예측할 수 있을 것이다. 실제로 출발선상에 서 있는 느낌을 받은 조건에서는 목표에 도달하는 고객의 비율이 19%에 불과한 반면 목표의 일부가 이미 달성되었다는 느낌을 받은 조건에서는 목표에 도달하는 고객의 비율이 34%에 달했다(Heath & Heath, 2010).

2) 메시지 프레이밍 효과의 조건

메시지 프레이밍의 효과는 다양한 변인의 영향을 많이 받는다. 따라서 메시지를 받는 대상이나 메시지의 주제 및 내용 등 다양한 변인들을 고려하여 메시지 전달에 있어 세분화된 전략을 사용하는 것이 중요하다.

(1) 이슈의 관여도

Rothamn과 Salovey(1997)는 메시지 프레이밍의 효과가 나타나기 위해서는 메시지가 중심경로를 통해 처리되어야 하므로, 이슈에 대한 관여도가 높을 때만 메시지 프레이밍의 효과가 나타날 수 있다고 주장했다. 그러나 조형오와 김병희(2000)는 우리나라 대학생들을 대상으로 비만 예방 광고의 메시지 프레이밍 효과를 연구한 결과, 비만 개연성 인식이 낮은 집단에서는 반대 결과가 나타났다고 밝혔다. 연구자들은 이러한 결과에 대해서 비만 개연성 인식이 높은 사람들은 비만 문제에 대해서 관여도도 높았을 것이기 때문에 부정적 프레임의 메시지가 더 효과적이었을 수 있다고 제안하였다.

하지만 O'Keefe와 Jensen(2007)의 메타 분석에 따르면, 통해 사람들이 손실 프레임 메시지에 비해 이익 프레임의 메시지에 더 깊이 관여하는 것으로 나타났다. 그들에 따르면, 손실 프레임의 메시지와 이익 프레임의 메시지 간에 사람들의 메시지 처리 정도는 차이가 없었지만, 사람들은 이익 프레임의 메시지 내용을 더 많이 기억하는 것으로 나타났다. 또 질병 예방 행동의 경우, 손실 프레임 메시지에 비해 이익 프레임 메시지에 대한 관여도가 더 높았지만, 질병의 검진과 관련된 메시지에서는 차이가 없었다. 이러한 결과는 사람들이 손실 프레임의 메시지에 더 관여하거나 정보처리를 더 신중하게 진행하는 것은 아니라는 점을 보여준다.

이종민과 류춘렬, 박상희(2007)는 메시지 프레이밍의 효과가 개인적인 관여도보다는 상황적인 관여도에 의해 더 큰 영향을 받는다고 주장하였다. 개인적인 관여도는 어떤 상품이나 이슈에 대한 개인 고유의 가치와 관심 수준으로 메시지에 대한 주의집중 단계에서 동기를 제공하지만, 메시지를 평가하고 해석하는 데는 영향을 미치지 않는다는 것이다. 반면에 상황적 관여도는 상품을 구매하는 시점이나 상황에서 개인의 관심이나 관련성을 나타내는 지표로, 정보에 대한 주의집중뿐만 아니라 주어진 정보를 해석하고 평가하는 과정에서 중요한 역할을 한다. 이종민 등(2007)은 정보처리 과정에 직접적인 영향을 미치지는 않는 개인적 관여도보다는 메시지에 대한 주의집중에서부터 처리까지의 과정에 영향을 미치는 상황적 관여도가 메시지 프레이밍의 효과에 더 중요한 영향을 미친다고 주장한다. 실제 금연광고를 통해 대학생들의 금연에 대한 태도 변화를 관찰한 이종민 등(2007)의 연구에서 개인적인 관여도는 메시지 프레이밍의 효과에 유의미한 영향을 주지 않았다. 이 연구에서는 개인적인 관여도와 무관하게 긍정적 프레임의 메시지가 부정적 프레임의 메시지보다 광고효과가 더 높았다. 그러나 상황적 관여도가 낮은 상황에서는 부정적 프레임의 메시지가 더 효과적이었고 상황적 관여도가 높은 경우에는 긍정적 메시지의 설득효과가 더 높게 나타났다. 반면에 고관여 상황에서의 메시지 프레이밍 형식에 따른 효과의 차이는 크지 않았다.

(2) 권고 행동에 대한 위험성 인식의 차이

Apanovitch 등(2003)에 따르면, HIV 바이러스에 감염되지 않았다고 믿는 여성에게 에이즈 검사를 권고할 때는 이익 프레임의 메시지가 더 효과적인 것으로 나타났다. 반면 에이즈 바이러스에 감염되었을 것이라고 생각하는 여성에게는 손실 프레임의 메시지를 제시했을 때 에이즈 감염 검진을 받을 가능성이 조금 더 높았다.

또 Kelly와 Rothman(2001)은 실험 연구를 통해 이러한 경향성을 검증하였다. 그들은 실험 참가자들을 두 부류로 나누어 한 집단에는 특정 건강검진이 질병을 발견하는 데 사용되는 것으로 제시하고 다른 집단에는 같은 검진 과정이 개인의 건강상의 우수성을 진단하는 데 이용된다고 설명하였다. 그 결과 질병을 발견하기 위해 검진을 진행한다고 믿게 한 집단에서는 손실 프레임의 메시지가 더 효과적인 반면 건강상의 우수성을 검진하기 위한 과정이라고 소개받았던 집단에서는 이익 프레임의 메시지가 더 효과적인 것으로 나타났다.

Bartels, Elo 및 Rothman(2004)의 연구에서는 참여자들을 두 부류로 나누어 한 집단에는 웨스트 나일 바이러스(West Nile Virus)를 예방하기 위한 접종법이 10명 중 9명에게 효과가 있다고 소개하고 다른 집단에는 10명 중 6명에게만 효과가 있다고 알려주었다. 그 후 두 집단에 이익 또는 손실 프레임의 메시지를 읽도록 하고서 예방 접종 의사를 질문했을 때, 10명 중 9명에게서 효과가 있다는 설명을 들은 집단은 이익 프레임 메시지에서 그리고 10명 중 6명에게만 효과가 있다는 설명을 들은 집단에서는 손실 프레임 메시지에서 더 높은 수준의 접종의지를 나타냈다.

(3) 메시지상의 초점과 메시지 프레이밍의 일치성
Lee와 Aaker(2004)는 포도주스의 효과를 **향상 초점**(활력 증진)과 **예방**

초점(질병 예방 효과)의 형태로 조작한 후, 이 메시지에 대한 이익 프레임과 손실 프레임의 효과를 비교하였다. 이때 이익 프레임에서는 "에너지가 충전됩니다." 또는 "혈전이 예방됩니다"로 제시하였다. 그리고 손실 프레임에서는 "에너지 충전을 위한 기회를 놓치지 마세요." 또는 "혈전을 예방할 기회를 놓치지 마세요."로 제시하였다. 그 결과, 향상 초점의 메시지는 이익 프레임을 사용했을 때 포도주스에 대한 태도가 더 긍정적이었고 예방 초점의 메시지는 손실 프레임 메시지를 사용할 때 더 효과적이었다.

(4) 개인의 특성 요인

Kim(2006)은 한국의 남자 고등학생을 대상으로 한 흡연 예방 연구에서 금연 광고를 보여주기 전에 **조절 초점**을 다르게 한 광고를 먼저 보여주었다. 한 집단에는 "성장을 촉진하는 흑두유를 마셔요."라는 형태의 향상 초점 메시지를 제시하고 다른 집단에는 "질병 예방에 좋은 흑두유를 마셔요."라는 형태의 예방 초점 메시지를 제시하였다. 그 후 무작위로 집단을 나누어 다시 한 집단에는 "담배를 안 피우면 호흡기와 머리가 좋아지고 상큼한 입냄새와 새하얀 치아를 갖게 됩니다. 또 일상생활에서 활력을 얻게 됩니다."라는 이익 프레임의 메시지를 제시하였다. 그리고 다른 집단에는 "담배를 안 피우면 폐암과 뇌손상을 피할 수 있으며 나쁜 입냄새와 누런 이를 피할 수 있고 무엇보다 당신의 삶을 보호할 수 있습니다."라는 손실 프레임의 메시지를 제시하였다. 그 결과, 조작된 자기 조절 성향과 메시지 프레임이 일치하는 경우에 금연광고의 효과가 더 컸다. 다시 말해서 향상 초점에 기초해 처치된 집단은 이익 프레임 메시지에 노출될 때 흡연의도가 더 낮았다. 반면에 예방 초점에 기초해 처치된 집단은 손실 프레임 메시지에 노출될 때 흡연 의도가 더 낮았다.

Petty와 Cacioppo(1981)는 **인지정교화가능성 모델**(Elaboration Likelihood Model, ELM)을 제시하였다. 이 모델에서는 메시지의 논리나 개인적 연관성 등 상황이나 조건에 따라 메시지에 대한 사람들의 인지적 반응이 달라지며 따라서 설득효과도 달라지게 된다고 제안한다. McGuire(1969)에 따르면, 인간은 '게으른 유기체(lazy organism)'라고 할 수 있다. 또 비슷한 맥락에서 Taylor(1981)는 인간이 '인지적 구두쇠(cognitive misers)'에 해당된다고 주장하였다. 이런 점에서 Petty와 Cacioppo(1981)는 메시지 수용자의 동기와 역량이 인지정교화 과정에서 중요한 역할을 한다고 보았다.

① 개인적 연관성

Rothman, Salovey, Turvey 및 Fishkin(1993)은 연구참여자들에게 유방암 촬영 검사를 권유하면서 "의사가 10개의 멍울을 발견해도 그중 8개는 유방암이 아닐 수 있습니다."라고 말하는 조건에서보다 "당신이 10개의 멍울을 발견하더라도 그중 8개는 유방암이 아닐 수 있습니다."라고 말하는 조건에서 설득효과가 더 크다고 보고하였다. 왜냐하면 전자보다는 후자가 개인의 책임감을 더 강조하는 내용을 담고 있기 때문에 개인적 연관성을 더 높여 주기 때문이다.

② 인지 욕구 및 능력 요인

Cacioppo, Petty 및 Morris(1981)는 인지적 욕구가 메시지 정교화에 미치는 영향력을 조사하였다. 그들에 따르면, 인지 욕구가 높은 사람들은 논리정연한 메시지에 대해서는 우호적인 태도를 보이는 반면에, 논리성이 떨어지는 메시지에 대해서는 비우호적인 태도를 나타냈다. 하지만 인지적 욕구가 낮은 사람들은 설득효과가 메시지의 논리성과는 무관한 것으로 나타났다.

③ 자극 추구 성향

Zuckerman(1994)에 따르면, 자극 추구 성향은 위험을 무릅쓰면서까지 새로운 도전 경험을 추구하는 특성을 말한다. Zuckerman(1994)은 이러한 자극 추구 성향을 다음의 네 가지로 분류하였다. 모험 추구, 경험 추구, 억제 상실, 지루함에 대한 민감성이다. Palmgreen 등(1991)은 건강 메시지와 자극 추구 성향을 결합하여 '**메시지 자극 가치**(message sensation value)'라는 개념을 제안하였다. 이것은 매스미디어를 통해 전달되는 시청각 메시지가 얼마나 수용자에게 자극적이고 또 수용자를 감정적으로 흥분시키는지를 의미한다. 자극 추구 성향이 높은 청소년들은 메시지 자극 가치가 높을수록 건강 캠페인에 우호적인 태도를 나타냈다.

④ 셀프 모니터링

Snyder(1974)에 따르면, **셀프 모니터링**(self-monitoring)은 주체가 자신의 행동이 사회적인 상황에 맞도록 스스로의 행동을 관찰하고 통제하는 것을 말한다. 이러한 셀프 모니터링 과정은 다음의 다섯 가지 요소로 구성된다. 첫째, 사회적 행동의 적합성에 대한 관심, 둘째, 사회적인 비교, 셋째, 자기표현을 조절하고 수정하는 능력, 넷째, 상황에 맞추어 자기표현을 조절하는 능력, 마지막으로 상황에 따른 사회적 행동의 가변성이다.

Paek(2010)은 셀프 모니터링 수준이 높은 참가자들이 셀프 모니터링

이 낮은 참가자들에 비해 메시지에 더 긍정적인 평가를 내린다고 보고
하였다. 또 셀프 모니터링이 높은 참가자들에게서만 메시지의 효과와
메시지에 부합되는 행동을 할 의도 간 상관을 보였다. 특히 박유식과
경종수(2003)에 따르면, 공공성을 강조하는 소구의 경우, 셀프 모니터
링 수준이 높은 참가자들은 관여도가 높아질수록 행동의도 수준도 높
은 것으로 나타났다. 반면에 개인적인 의미를 강조하는 소구의 경우,
관여도가 낮을 때는 셀프 모니터링 수준이 높은 참가자들의 행동의도
수준이 높았으나 관여도가 높을 때에는 셀프 모니터링 수준에 따른 참
가자들의 행동의도 수준에서의 차이가 나타나지 않았다.

⑤ 메시지 프레이밍 효과에 영향을 주는 기타 개인차 변인

Rothman과 Salovey(1997)에 따르면, 여성은 손실 프레임 메시지에 그
리고 남성은 이익 프레임 메시지에 더 큰 반응성을 나타낸다. 또 조재
운과 박보영(2001)은 자외선 차단제 사용에 대한 소비자 태도를 조사
한 결과, 사전 지식이 있는 사람들에게는 메시지 프레이밍 효과가 없
지만 사전지식이 없는 사람에게는 부정적 메시지가 긍정적 메시지
보다 더 효과적이라고 제안하였다. 그리고 이명천, 나정희 및 김지혜
(2006)는 금연광고를 할 때 수용자가 흡연자인 경우에는 긍정적 프레
임의 메시지가 그리고 비흡연자일 경우에는 부정적 프레임의 메시지
가 더 효과적일 수 있음을 보고하였다.

3) 건강행동의 증진과 메시지 소구 유형

설득 커뮤니케이션 과정에서 사용되는 메시지 설득 전략은 크게 **이성
소구**와 **감성 소구** 두 가지로 나눌 수 있다. 이성 소구는 합리성에 기반
한 사실적 정보를 논리적이고 직접적으로 전달하는 것을 말한다. 반면

에 감성 소구는 메시지를 통해 수용자가 특정 정서 상태를 경험하도록 유도함으로써 설득효과가 나타나도록 한다. 많은 이론가들은 이성 소구보다는 감성 소구가 더 효과적이라고 제안해왔다(Perse et al., 1996).

(1) 공포 소구

공포 소구(fear appeal)는 건강 관련 캠페인에서 가장 널리 이용되는 소구 중 하나이다. 공포 소구에서는 메시지에서 요구하는 행동을 하지 않는 경우 신체, 심리, 그리고 사회적으로 부정적 결과를 초래하게 될 것이라는 점을 강조함으로써 수용자들이 바람직하지 않은 행동을 하지 않도록 유도한다. 예를 들면, 금연 광고에서 흡연의 문제점을 부각시켜서 보여주는 것이 여기에 해당된다. 보건복지부에서 2006년에 진

그림 3-3 ▶ 금연 캠페인, '치아 변색' 편

http://www.nosmokeguide.or.kr

행한 금연 캠페인, '치아 변색' 편이 그 좋은 예이다.

> 매력적인 여성이 카페에 들어온다. 카페에 있던 사람들이 그녀의 모습에 빠져서 넋을 잃고서 바라본다. 이때 한 남성이 그 여성에게 다가선다. 그 남성을 본 여성은 입가에 만족스런 미소를 띤다. 하지만 바로 그 순간 남자가 깜짝 놀라 뒷걸음친다. 그녀가 웃는 순간, 누런 이와 까만색 이물질들이 눈에 들어올 뿐만 아니라, 심지어 파리까지 그녀의 입가를 맴돈다. 결국 그 여성은 텅 빈 카페에 외롭게 남겨지게 된다(보건복지부, 2006).

① 수용자 요인에 따른 공포 소구의 효과

■ 자발성/비자발성

Horowitz(1969/1972)는 마약 예방을 주제로 공포 소구에 관한 연구를 진행하였다. 그 결과에 따르면, 실험에 비자발적으로 참여한 사람들에 비해 자발적으로 참여한 사람들에게서 공포 소구의 효과가 더 크게 나타났다.

■ 걱정에 대한 민감도

Hill(1988)은 실험 참가자들의 에이즈에 대한 공포 수준을 다르게 조작한 후 공포 소구의 효과를 평가하였다. 그 결과 에이즈에 대한 공포 수준이 높고 성관계 파트너가 많은 참가자들의 경우 에이즈에 대한 공포 수준이 낮게 처치된 참가자들에 비해 고위험 메시지에 대해 보다 더 긍정적인 태도를 나타냈다. 하지만 두 집단 모두에서 중간 수준의 위협 메시지가 고위협 및 저위협 메시지에 비해 설득효과가 더 크게 나타났다.

한편 이진희와 도선재(2008)는 수용자의 낙관적 편향에 따른 공포 소구 효과의 차이를 분석하였다. 낙관적 편향은 다른 사람에 비해 자신이 질병 또는 신체적 위협과 같은 부정적 사건을 경험할 가능성이 적을 것이라고 생각하는 것을 말한다. 이 연구에서는 흡연의 피해 강도를 상, 중, 하로 다르게 한 후 대학생들의 금연 의도를 평가하였다. 낙관성 편향이 높은 집단에서는 위협 정도가 중간 수준인 메시지에서 설득효과가 가장 큰 반면에, 낙관성 편향이 낮은 집단에서는 위협 정도가 가장 약한 메시지에서 설득효과가 가장 높았다.

■ 자기 책임성

Passyn과 Sujan(2006)은 공포 소구로 위협을 느낀 수용자들이 행동을 바꾸기 위해서는 자기 효능감뿐만 아니라 문제에 대한 책임감도 함께 인식해야 한다고 주장하였다. 이러한 제안에 기초해 양윤과 백미희(2009)는 금연광고 메시지의 효과를 측정했다. 연구 결과, 그들은 자기 책임성이 높은 조건에서는 자기효능감의 고/저에 따라 금연의도가 달라지지 않았지만 자기책임성이 낮은 조건에서는 자기효능감이 높을 때 금연의도가 유의미하게 높았다고 보고했다.

② 공포 소구의 한계

Schoenbachler와 Whittler(1996)는 공포 소구 메시지가 행동 변화 의도를 단기적으로는 높여줄지라도 장기적으로는 효과가 감소될 수 있다고 제안하였다. 위협적인 메시지에 반복 노출되는 경우, 둔감화가 나타날 수 있기 때문이다. 또 공포 소구는 의도하지 않은 역효과를 나타낼 수도 있다. 예를 들면, 폐암환자들은 실제 흡연 여부와 관계없이 담배를 피웠기 때문에 암에 걸린 것이라는 타인의 시선 때문에 고통받기도 한다.

(2) 공감 소구

Hoffman(1984)은 공감이 다른 사람의 내적 상태를 인지적으로 깨닫고 다른 사람의 상황에 나를 놓는 것이며 그 사람의 감정을 경험하는 것이라고 정의하였다. **공감 소구**(empathy appeal)는 장기 기증 캠페인처럼 누군가를 돕도록 요구하는 공익광고에서 많이 활용되고 있다.

Bagozzi와 Moore(1994)는 아동학대 예방에 관한 이성 소구의 광고와 감성 소구의 광고를 보여준 후 수용자들이 느끼는 부정적인 감정과 공감 수준을 평가하였다. 그 결과, 감성 소구를 본 참가자들에게서 부정적인 감정과 공감이 더 높은 수준으로 나타났다. 또 그들에 따르면, 부정적인 감정이 더 강하게 유발될수록 공감의 정도가 더 높았으며 다른 사람을 도우려는 동기 수준도 더 높은 것으로 나타났다.

한편 Shen(2011)은 금연을 촉구하는 공감 소구 메시지와 공포 소구 메시지의 효과를 비교하였다. 이 연구에서는 대학생들을 세 부류로 구분한 후 한 집단에는 담배의 위험성을 제시하는 공포 소구 메시지를, 두 번째 집단에는 주인공이 자신은 엄마처럼 흡연에 의한 폐기종으로 죽고 싶지 않다고 말하는 공감 소구 메시지를, 그리고 세 번째 집단에는 대조군에 해당되는 메시지를 제시하였다. 그 결과 공포 소구 집단에서는 금연에 대한 태도 면에서 부정적인 효과를 나타냈으나 공감 소구 집단에서는 긍정적인 효과를 나타냈다. 다시 말해서 공감 소구 메시지가 공포 소구 메시지보다 더 효과적이었다. 이러한 결과는 공포 소구 메시지가 심리적 반발을 일으킬 가능성이 있음을 보여준다.

(3) 죄의식 소구

죄의식 소구(guilt appeal)는 메시지를 통해 수용자에게 죄책감을 불러

일으킴으로써 설득효과를 나타내는 기법이다. Miceli(1992)는 죄의식을 유발하기 위해서는 두 가지 조건이 충족되어야 한다고 주장하였다. 주체가 책임감을 느끼는 동시에 사건의 결과가 누군가에게 피해를 주었다고 인식하는 것이다. Basil, Ridgway 및 Basil(2006)은 기아에 시달리는 어린이의 이미지를 이용한 죄의식 소구 기반 메시지의 효과를 연구하였다. 그 결과 그들은 메시지 수용자의 기부 행위를 책임감이 중재한다고 보고하였다. 또 Coulter와 Pinto(1995)는 메시지의 설득 효과와 수용자의 죄의식은 역U자의 관계를 나타낸다고 주장하였다. 그들에 따르면, 중간 수준의 죄의식을 유발하는 메시지의 설득 효과가 가장 크게 나타났다.

(4) 사회 소구

사회 소구(social appeal)는 메시지 전달 과정에서 사회적 이미지가 주는 정서 효과를 이용하는 것을 말한다. Halpern-Felsher 등(2004)에 따르면, 때때로 사람들은 담배를 피우는 것이 섹시한 인상을 주며 이처럼 섹시한 인상을 주는 것이 흡연으로 인한 위험성보다 더 중요하다고 믿는 경향이 있다. 이런 점에서 금연 캠페인에서는 흡연의 위험성을 알리는 공포 소구보다는 사회 소구를 활용하는 것이 더 효과적일 수 있다. 보건복지부에서 2006년에 진행한 금연 캠페인, '진실을 말하세요' 편이 그 좋은 예이다.

> 혼자 아이를 달래고 있는 젊은 아빠가 아이에게 이유식을 먹이려고 하고 있다. 아빠는 아이를 배려해서 '후~'하고 입김을 분다. 그러자 아이가 자지러지게 운다. 그리고 아빠가 입김 부는 것을 멈추면 아이는 다시 환하게 웃는다. 이 일이 몇 차례 반복된다. 아이는 아빠의 입 냄새가 싫어서 울었던 것이다.

그림 3-4 ▶ 금연 캠페인, '진실을 말해요' 편
http://www.nosmokeguide.or.kr

그때 들려오는 "담배를 끊지 않으면 사람들이 당신을 끊습니다."라는 내레이션이 등장하고 엄마가 아이를 안고서 휙 돌아서 사라진다.

(5) 유머 소구

유머 소구(humor appeal)는 메시지 전달 과정에서 유머가 주는 긍정적인 정서 효과를 이용하는 것을 말한다. Biener 등(2004)은 사회규범을 이용한 광고에 비해 유머를 포함하는 금연광고를 사람들이 더 잘 기억했다고 보고하였다. 보건복지부에서 2006년에 진행한 금연 캠페인, '기억력 감퇴' 편이 그 좋은 예이다.

청소년 연극제에서 로미오 역을 맡은 학생이 등장한다. 극의 절정부에 이르러 줄리엣의 시신을 앞에 두고 자신의 애틋한 사랑을 말해

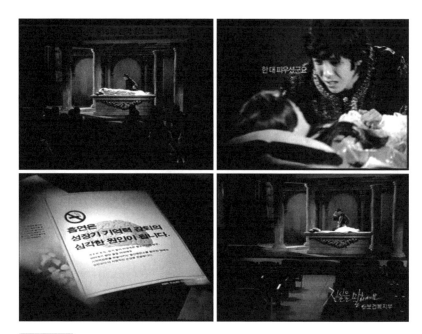

그림 3-5 금연 캠페인, '기억력 감퇴' 편
http://www.nosmokeguide.or.kr

야 하는 로미오. 하지만 로미오를 연기하던 학생이 갑자기 대사를 잊고 당황한다. 그리고는 틀린 대사로 횡설수설한다. 관객들은 화가 나서 자리를 박차고 퇴장한다. 이때 "담배를 끊지 않으면 사람들이 당신을 끊습니다."라는 내레이션이 등장한다. 그리고 텅 빈 극장의 무대 위에서 로미오를 맡았던 남학생이 자신이 놓쳤던 대사를 되뇌인다.

4) 메시지 프레이밍과 수용자 세분화
(1) 헬스 스타일 수용자 세분화 프로젝트(AHASP)
미국에서는 성인표본 2,967명을 대상으로 미국 헬스 스타일 수용자 세분화 프로젝트(the American Healthstyles Audience Segmentation Project, AHASP; Maibach, Maxfield, Ladin, & Slater, 1996)를 진행한 적이 있다.

표 3-5 AHASP에서의 집단 분류

유형	특징
우아한 게으름뱅이(decent dolittles)	건강한 삶을 지향하지 않으며 건강행동에 관심이 없는 유형
활동적인 매력자(active attractives)	멋과 재미를 즐기는 유형
쾌락가(hard-living headonists)	건강에 관심이 없는 애연가 및 애주가
긴장형 노력가(tense but trying)	건강행동에 관심이 많은 잔병치레가 잦은 유형
무관심한 허무주의자(noninterested nihilists)	건강에 대한 관심이 가장 적고 중병을 많이 앓는 유형
이상적 신체주의자(physical fantastics)	건강지향적 라이프 스타일을 갖춘 유형
수동적 건강주의자(passive healthy)	건강지향적 행동을 하지는 않지만 건강에 특별한 문제는 없는 유형

이 프로젝트에서는 미국의 성인들을 인구학적 변인, 건강행동 수준, 자극추구 성향, 삶의 만족도 등과 같은 방대한 개인 정보를 바탕으로 7개 집단으로 구분하였다. 그 7개 집단의 특성은 다음과 같다.

헬스 스타일 수용자 세분화 정보는 메시지 프레이밍을 통해 성인들의 건강행동을 최적화하는 데 유용하게 활용될 수 있다. 예를 들면, 우아한 게으름뱅이 유형의 경우에는 맹목적으로 운동의 중요성을 강조하기보다는 운동에서의 재미 요소를 강조하는 형태로 메시지를 재단하는 것이 효과적일 수 있다.

수용자 세분화 작업 후에는 행동적 개입을 위한 목표 집단을 설정하는 것이 필요하다. Andreason(1995)은 수용자 세분화 작업 후 개입 과정에서는 다음의 아홉 가지 요인을 고려할 필요가 있다고 제안하였다.

● 집단의 크기는 어느 정도 규모인가?

- 집단 내에서 문제행동을 나타내는 비율은 어느 정도인가?
- 문제행동의 심각도는 어느 수준인가?
- 사회적 도움이 필요한 사람들의 숫자는 어느 정도 규모인가?
- 해당 집단의 구성원들을 만나거나 접촉하는 것이 얼마나 용이한 가?
- 해당 집단의 구성원들은 캠페인에 반응할 능력을 가지고 있는가?
- 필요비용은 어느 정도 수준인가?
- 캠페인에서 전하는 메시지에 대한 반응 수준은 어떠한가?
- 조직의 자원이나 스태프의 역량이 목표 집단을 변화시킬 수 있는 수준인가?

(2) 청소년을 위한 태그(TAAG) 프로젝트

미국의 국립 심장, 폐 및 혈액 연구소(National Heart, Lung, & Blood Institute)에서는 소녀들을 위한 신체활동 시도 프로그램인 태그(Trial of Activity for Adolescent Girls, TAAG) 프로젝트를 진행한 적이 있다. 이 프로그램은 수용자를 세분화한 후 각 집단의 특성에 맞추어 건강 메시지를 전달한 좋은 예이다. TAAG에서는 인터뷰를 통해 수용자들이 갖고 있는 신체활동에 대한 생각을 조사한 후 이를 바탕으로 수용자들을 표 3-6의 6개 집단으로 구분하였다(Staten, Birnbaum, Jobe, & Elder, 2006).

TAAG에서는 건강메시지를 전달하는 구체적인 방법을 6개 집단에 따라 제각각 다르게 진행하였다. 예를 들면, 강인한 소녀들에게는 랩을 통해 메시지를 전달하고 세련된 소녀들에게는 도시에서 생활하는 세련된 여성 선배들이 메시지를 전달하는 식이다. 그림 3-6은 메시지

표 3-6 TAAG에서의 집단 분류

유형	특징
강인한 소녀들(tough girls)	길거리 활동을 즐기는 거친 소녀 집단
똑똑한 소녀들(smart girls)	교사에게 사랑받는 모범생 소녀 집단
세련된 소녀들(preppy girls)	사교적인 활동을 즐기는 소녀 집단
얌전한 소녀들(quiet girls)	조용한 활동을 선호하는 소녀 집단
스포츠 소녀들(athletic girls)	집단 스포츠 활동을 선호하는 집단
반항적인 소녀들(rebel girls)	문제행동을 보이는 소녀 집단

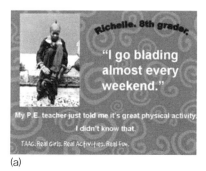
(a)

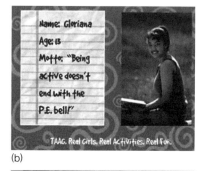
(b)

(c)

(d)

그림 3-6 ▶ TAAG의 메시지 전달방식의 예

(a) 강인한 소녀들, (b) 똑똑한 소녀들, (c) 세련된 소녀들, (d) 얌전한 소녀들

전달방식의 예를 보여준다.

(3) 개혁수용자 모델과 수용자 세분화

Rogers(1995)에 따르면, 개혁은 개인 또는 다른 집단 단위에 의해 새롭게 인식되는 생각, 행동, 또는 물체를 뜻한다. 이런 점에서 다양한 건강행동들은 개혁의 대상이 될 수 있다.

Newsom, Turk 및 Kruckeberg(2004)는 캠페인을 다음의 여섯 가지 유형으로 설명했다. 인식제고 캠페인, 정보제공 캠페인, 교육 캠페인, 공공메시지 재강화 캠페인, 동의하지 않는 공중의 태도를 변화시키기 위한 캠페인, 구체적인 행동변화를 유도하는 캠페인이 그것이다.

Rogers(1995)는 효과적인 개혁을 위해 다음과 같은 요소가 필요하다고 주장하였다. 첫째, 대중들에게 계몽적(enlighten) 가치를 전달하는 것이다. 둘째, 대중의 행동변화를 유도하는 데 필요한 물리적인 인프라이다. 셋째, 법적인 제재를 포함한 강제적인 규제이다. 넷째, 캠페인을 통해 전달된 메시지의 가치를 재강화(reinforcement)하는 것이다. 마지막으로 캠페인의 지속성을 위해 대중의 행동변화 양상을 관리하는 것이다.

Rogers(1995)는 하나의 개혁 내용이 사회 구성원들 사이에서 오랜 시간에 걸쳐 수용되는 과정을 개혁의 확산이라고 정의하였다. 그에 따르면, **개혁 확산**(diffusion)의 주요 요소는 다음의 다섯 가지다.

첫째, 정보원(Source)이다. 여기에는 창안자, 과학자, 변화주도자 혹은 의견선도자 등이 포함된다. 둘째, 메시지(Message)이다. 여기에는 개혁의 상대적 이점이나 적합성 등과 같은 정보가 해당된다. 셋째, 매체(Channel)이다. 여기에는 커뮤니케이션을 위한 매스미디어 및 대인

표 3-7 Rogers(1995)의 개혁수용자 유형

유형	특징
개혁자 (Innovators)	모험을 좋아하고 교양이 있으며 복수의 정보원을 소유함
초기 수용자 (Early Adopters)	사회적 리더, 다른 사람들에게 인기 있음, 교양 있음
초기 다수 사용자 (Early Majority)	신중하고 많은 비공식적인 사회적 접촉을 함
후기 다수 사용자 (Late Majority)	의심 많고 상대적으로 낮은 사회-경제적 지위를 갖고 있음
지각 수용자 (Laggards)	이웃들과 친구들이 주요 정보원이며 안전한 선택을 중시함

매체 등이 해당된다. 넷째, 수용자(Receiver)이다. 여기에는 개혁 메시지와 관계된 사회 구성원이 해당된다. 마지막으로 효과(Effect)이다. 이것은 시간 차원을 고려했을 때의 결과를 말한다.

이 다섯 가지 요소 중에서 Rogers(1995)는 수용자를 다섯 유형으로 분류하였다. 표 3-7에는 Rogers(1995)의 다섯 가지 **개혁수용자 유형**과 특징이 제시되어 있다.

Rogers(1995)의 수용자 분류 체계는 메시지 프레이밍 과정에서 TAAG에서처럼 건강메시지를 수용자 세분화하여 전달하는 데 중요한 시사점을 줄 수 있다. 개혁자는 새로운 아이디어에 관심이 많고 불확실한 것을 수용하는 데 따르는 위험을 수용하는 데 적극성을 보인다. 또 이들은 다른 사람들과의 차별화에 큰 관심을 쏟는다. 다음으로 초기 수용자는 일반적으로 여론을 주도하는 계층에 속하며 다른 사람들의 역할 모델을 할 수 있다. 그리고 초기 다수 사용자는 자신의 역할 모델을 하는 사람을 통해 어느 정도 검증된 이후에 새로운 아이디어를

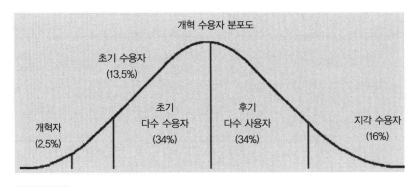

그림 3-7 ▶ Rogers의 개혁 수용자 분포

받아들이는 사람들이다. 이들은 대체로 신중한 의사결정을 내리는 편이다. 또 후기 다수 사용자는 대체로 의심이 많지만 주변 사람들이나 상황적인 압력에 의해 새로운 아이디어를 수용하게 된다. 마지막으로 지각 수용자는 보수적이고 전통적인 가치를 중시하는 사람들로서 고립된 생활을 하는 경향이 있기 때문에 변화에 대한 압력도 적게 받는 편이다. 그림 3-7은 이 다섯 가지 개혁 수용자 유형의 분포도를 보여준다.

3. 프레이밍된 건강 메시지의 문화적 재단 필요성

1) 메시지 프레이밍 과정과 문화

Schlinger(1976)가 지적한 대로, 건강 증진을 위한 공익적인 목적의 설득 메시지는 사회적으로 바람직한 태도를 형성하는 것에서 그치지 않고 실제로 실천하는 데까지 이르도록 하는 것이 필수적인 과정이 된다. 설득 메시지의 이러한 실천적 중요성을 고려해 볼 때, 행동 변화를 이끌어내는 데는 감성적인 커뮤니케이션 전략을 사용하는 것이 효과적일 수 있다(McAllister, 1995; Posch, 1994). 특히 정서가 행동 변화를 이끌어내는 데 기여하는 정도는 문제에 대한 사람들의 태도가 중간 수준일 때, 즉 문제에 대해서 확고한 신념이 있거나 별로 관심이 없는 경우보다 문제와 관련해서 갈등 상태에 있거나 불확실한 태도를 취하는 경우에 가장 큰 것으로 알려져 있다(Smith, Haugtvedt & Petty, 1994). 일반적으로 청소년 시기가 과도기적인 특성이 두드러지는 혼란스러운 시기라는 점을 감안해 보면, 청소년의 행동 변화를 위한 설득 메시지를 전달하는 과정에서 정서적 측면에 초점을 맞추는 것이 효과적일 것으로 기대된다.

청소년들에게 건강 메시지를 전달하는 과정에서 정서 중심의 커뮤니케이션 전략을 사용하는 경우, 정서 체험의 문화적 차이를 고려하는 것은 필수 요건이라고 할 수 있다. Markus와 Kitayama(1991)에 따르면, 서구 사회에서는 자아 중심적인 정서(ego-focused emotion)가 강조되는 반면에 동아시아 사회에서는 타인 중심적인 정서가 강조된다. 자아 중심적인 정서는 개인주의 문화의 근간이 되는 독립적인 자아(independent self)에 의해 경험되는 감정으로서 개인적인 분노감, 좌절감, 자부심 등이 해당된다. 이러한 감정은 주로 개인의 욕구, 소망, 능력 등과 같은 개인-내적인 특성이 충족되지 않거나 효과적으로 발현되는 것과 관계 있다. 대조적으로 타인 중심적인 정서는 집단주의 문화의 근간이 되는 상호의존적인 자아(interdependent self)에 의해 체험되는 것으로서 유대감, 타인과의 친밀감 등이 해당된다. 이러한 감정들은 대인관계에서의 조화를 촉진하고자 하는 동기와 밀접하게 연관되어 있다.

Markus와 Kitayama(1991)는 일본인들이 이러한 두 가지 정서를 어떻

게 그리고 얼마나 자주 경험하는지를 조사한 바 있다. 그 결과, 그 두
가지 정서들에 대한 상관표는 일본 문화에서는 자아 중심적인 정서와
타인 중심적인 정서가 서로 독립적인 것이라는 점을 분명하게 보여주
었다. 일본인들의 경우 자아 중심적인 정서는 긍정적인 것이든 부정적
인 것이든 간에 모두 타인 중심적인 긍정적 정서와는 유의미한 상관을
나타내지 않는 반면에, 타인 중심적인 부정적 정서와는 유의미한 상관
을 나타냈다. 이러한 결과는 개인의 자부심과 같은 자아 중심적인 정
서가 비록 서구인들에게는 긍정적인 정서로 인식될지라도, 집단주의
사회에서는 사실상 타인에게 신세지는 것 같은 부정적인 형태의 타인
중심적인 정서와 동일한 가치를 갖는다는 점을 시사해 준다(Markus &
Kitayama, 1991).

Yoshida, Kojo 및 Kaku(1982)에 따르면, 사회 구성원이 특정 기준에
의거하여 특정 가치를 긍정적으로 수용하거나 부정적으로 배척하는
태도는 명백히 학습되는 것이다. 그들은 개인주의 문화에서는 긍정적
인 가치를 갖는 자기-고양(self-enhancement)적인 태도가 일본의 초등
학교 학생들에게는 부정적인 가치를 지닌 것으로 평가된다는 점을 발
견하였다. 그들의 연구에서, 일본의 초등학교 학생들은 자기-고양적
인 태도보다는 겸양적인 태도를 더 긍정적으로 평가했으며, 이러한 경
향성은 학년이 올라갈수록 더 현저하였다. 특히 그들의 연구에서 초등
학교 2학년 학생들은 자기-고양의 가치를 어느 정도 있는 그대로 받아
들이는 반면에, 5학년 학생들은 자기-고양이 위선적인 태도(실력이 없
는 사람이 실력이 있는 척하는 것)를 반영하는 것으로 지각하였다. 이
러한 점은 중국인들을 대상으로 한 연구(Bond, Leung, & Wan, 1982)
에서도 마찬가지로 나타나고 있다.

Hofstede(2001)에 의하면, 미국은 개인주의 지표(individualism index)의 점수가 91점이다. 반면에 한국은 그 점수가 18점인 것으로 나타났다. 이 척도 점수는 100점에 가까울수록 더욱 개인주의적이고 0점에 가까울수록 집단주의적인 성향을 띠는 것으로 해석된다. 따라서 미국은 개인주의 문화에 속하는 반면 한국은 집단주의 문화에 속한다고 할 수 있다.

한국과 미국의 이러한 문화적인 차이를 고려해 볼 때, 건강 메시지가 긍정-부정적 프레이밍 맥락에서는 동일하게 구성되더라도, 자아-중심적인 정서의 형태로 재단되는 것과 타인-중심적인 정서의 형태로 재단되는 것은 양국의 청소년들에게 상이한 효과를 나타낼 수 있을 것으로 기대된다. 다시 말해 자기-중심적인 정서로 재단된 메시지가 미국의 청소년들에게는 긍정적인 효과를 나타낼지라도 한국의 청소년들에게는 역효과를 나타낼 수 있는 것이다. 물론 그 역의 관계도 성립할 수 있다. 즉 타인-중심적인 정서로 재단된 메시지가 한국의 청소년들에게는 긍정적인 효과를 나타낼지라도 미국의 청소년들에게는 역효과를 나타낼 수 있다.

지금까지 건강행동에 대한 메시지 프레이밍 연구들에서는 문화적인 요인의 역할이 주로 목표대상설정(targeting) 과정에서 단순한 인구학적인 특성을 고려하는 수준에 머물러 있었다(예컨대, Schneider et al., 2001). 하지만 목표대상설정 과정과 **메시지 재단**(message tailoring) 과정은 서로 다른 개념이다. 목표대상설정은 메시지와 관련된 변인들에 기초하여 표본을 하위 집단들로 분류하는 과정을 의미하는 반면, 메시지 재단은 특정 집단의 욕구와 특성에 부합되도록 메시지 내용을 조율하는 과정을 뜻한다(Pasick, 1997). 따라서 문화적 재단이란 메시지를 특정 문화의 동기, 정서, 그리고 가치 체계에 맞도록 개작하는 것을 의미한다. Schneider 등(2001)의 연구에서처럼, 메시지 전달 과정에서 문화적인 요인이 목표대상설정 수준에서만 이루어진다면, 그러한 절차는 개인의 행동이 건강한 방향으로 변화해 나가도록 하는 데 크게 기여하는 문화적 요인의 핵심적이고도 역동적인 측면을 사실상 거의 반영하지 못하게 된다(Pasick, et al., 1996).

(1) 지각된 사회규범과 건강행동

Cialdini와 Trost(1998)는 사회규범을 법적 구속력은 없으나 구성원들의 사회행동을 유도하고 제약하는 형태로 집단구성원에 의해 공유되는 규칙 및 기준으로 정의하였다. Borsari와 Carey(2003)가 사회규범과 관계된 23편의 연구들을 메타 분석한 결과에 따르면, 음주행동과 관련된 사회규범과 지각된 규범 간에는 중요한 차이가 있는 것으로 나타났다. 그들에 따르면, 사람들은 자신이 속한 집단의 구성원들이 실제보다 더 많은 음주를 하고 있다고 믿고 있었다. 이처럼 사회규범을 왜곡해서 지각하는 문제는 음주만이 아니라 흡연, 도박, 마약 그리고 성추행 등 다방면의 건강 위험 행동에 대해서 보편적으로 나타나는 것으로 보인다(Larimar & Neighbors, 2003).

Brickner, Lawton 및 Philliber(1987)는 실제 임신가능성보다 여성들이 스스로 임신가능성에 대해 어떻게 지각하는지가 콘돔 사용에 더 큰 영향을 미친다고 보고하였다. 그리고 Perkins와 Craig(2002)는 사회규범 개념을 활용한 절주캠페인을 1년간 진행했을 때 음주 대학생의 비율을 약 10%(56%에서 46%) 감소시킬 수 있었다고 보고하였다. 특히 이 캠페인은 과도한 음주 때문에 문제행동을 일으키는 학생들의 수를 줄이는 데도 효과적인 것으로 나타났다.

(2) 로스 몰리나스 프로젝트에서의 문화적 충돌

Rogers(1995)는 페루의 보건당국이 전염병을 예방하여 촌락민의 건강을 증진시키고 그들의 수명을 늘리기 위해 제시했던 개혁적인 방법을 소개한 바 있다. 그 내용을 요약해서 소개하자면 다음과 같다.

페루의 해안 지대에 위치한 200가구 정도의 농촌인 '로스 몰리나스(Los Molinas)'에 파견된 보건운동원 넬리다(Nelida)는 의사를 초청하여 물 끓여 마시기에 대한 강연회는 물론, 수십 차례씩 가가호호 방문하면서 주민들을 설득시켰다. 무려 2년여 동안이나 반복되었던 설득 작전이었다. 하지만 전염병 예방에 대한 개혁의 확산은 결국 실패하고 말았다.

프로젝트가 실패하게 된 중요한 원인 중 하나는 주민들이 그러한 개혁 자체를 '문화적으로 부적절한 것'이라고 인식한 것이었다. 주민들은 물을 끓여 마시는 일의 중요성을 설명하면 오히려 "도대체 사람까지도 물에 빠져 죽는데 어떻게 미생물이 물속에서 빠져 죽지 않고 살아 있을 수 있나요?"라고 반문하기 일쑤였다.

Rogers(1995)는 전염병 예방을 위한 넬리다의 개혁이 실패한 원인에 대해서 다음과 같이 설명했다. 넬리다는 대상에 초점(client-oriented)'을 두기보다는 개혁에 초점(innovation-oriented)을 두었던 것이다. 넬리다는 마을 주부들의 입장을 이해하지 못했고, 그녀가 전달하고자 하는 건강 메시지가 그들의 문화와 상충되었기 때문에 그녀의 설득 시도 역시 실패할 수밖에 없었던 것이다. 건강행동과 관련된 문화적 교양을 갖추지 못한 마을 사람들의 수준에 맞추어 메시지를 프레이밍한 형태로 설득한 것이 아니라, 이해하기 어려운 세균 관련 과학적 지식으로만 일방적으로 접근했던 것이 실패의 주원인이었다. 넬리다 프로젝트의 실패 사례는 특정 사회 체계의 구성원들 사이에서 건강 메시지가 확산되기 위해서는 문화적인 재단이 반드시 필요하다는 점을 잘 보여준다.

2) 메시지 프레이밍을 위한 문화적 재단 과정에서 고려할 점

(1) 동서양인들의 사고 유형에서의 차이

Nisbett(2003)은 동서양 간에 사고방식의 차이를 보여주는 재미있는 사례를 소개하였다. 그림 3-8에서 왼쪽 편의 자료 제시 방식은 서구인들이 선호하는 선형적 자료 제시 방법에 해당된다. 반면에 오른쪽

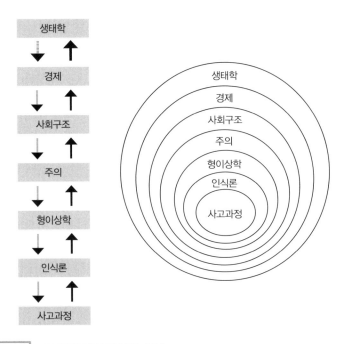

그림 3-8 동서양 사고방식의 차이

그림은 동양인들이 선호하는 비선형적인 자료 제시 방법에 해당된다.

건강 메시지를 프레이밍하는 과정에서 설득 효과를 높이기 위해서는 이러한 동서양의 사고 방식에서의 차이를 고려하는 것이 중요하다. 예를 들면, 특정 질병을 예방하기 위한 건강행동의 중요성을 소개하는 과정에서 서구인들은 직선적이고 인과론적인 형태의 설명방식이 더 효과적일 수 있는 반면, 동양인들의 경우에는 순환론적이고 관계적 맥락을 고려한 설명방식이 더 선호될 수 있다.

메시지 프레이밍 과정에서 필수적인 요소 중 하나는 건강행동과 관련된 사건들에 대한 논리적 추론 과정이다. 그런데 Nisbett(2003)에 따르면, 대중들의 상식적인 믿음과는 달리 인간의 추론 과정은 하나의 형태로만 존재하는 것이 아니다. 이런 점에서 Nisbett(2003)은 다음과 같은 전통적인 믿음을 비판한다.

- 인간은 누구나 동일한 인지과정을 가지고 있다. 지각, 기억, 인과적 분석, 범주화, 그리고 추론과정은 모든 인간에게서 동일한 형태로 나타난다.
- 동서양인들 간에 사고의 차이가 나타난다면 그것은 교육의 차이 때문이지 사고 과정에서의 차이 때문은 아니다.
- 인간의 고등 추론 과정은 모순을 수용하지 않는 형태의 형식논리를 따른다.
- 인간의 사고 과정은 내용과는 무관하다. 서로 다른 대상들에 대해서 동일한 사고 과정이 개입된다.

Nisbett(2003)에 따르면, 인간의 사고 과정은 불변의 특성을 갖는 것이 아니다. 교육을 통해서 얼마든지 추론방식이 바뀔 수 있기 때문에 태어나면서부터 특정 방식의 사고 유형과 관련된 경험을 갖는 것은 특정한 사고 습관을 유도해낼 수 있다. 다시 말해 특정 문화는 특정한 사고 습관을 만들 수 있다는 것이다. 이러한 맥락에서 Nisbett(2003)은 다음과 같이 제안하였다.

- 서로 다른 문화권 사람들은 세상의 본질에 대해서 서로 다른 형태의 사고를 한다.
- 서로 다른 문화권 사람들은 서로 다른 형태의 사고 과정을 나타낸다.
- 사고 과정은 본질적으로 사고 내용과 분리될 수 없다.

(2) 동서양인의 상대적 선호에서의 문화적 차이

Nisbett(2003)은 일본인과 미국인의 상대적 선호에서의 차이를 비교하기 위해 다음의 직업 비율을 구하는 과제를 고안해냈다. 그 비율은 '한 나라의 변호사 수/한 나라의 엔지니어 수'이다. 이 비율은 한 나라의 엔지니어와 변호사에 대한 상대적 선호를 나타낸다. 일본인과 미국인이 변호사와 엔지니어를 상대적으로 선호하는 정도를 비교해 보면, 미국인이 일본인보다 변호사를 약 41배 정도 더 선호하는 것으로 나타났다. Nisbett(2003)은 이러한 상대적 선호에서의 차이가 문화적 배경에서 비롯된 것이라고 해석하였다. 개인주의 사회에서는 사회적 갈등을 법정에서의 공정한 승부로 해결하려 노력하는 반면에 일본과 같은 집단주의 사회에서는 사회적 중재와 같은 법 이외의 절차를 통해 타협으로 해결하려 노력한다.

동서양 간의 상대적 선호에서의 차이는 중요하다고 생각하는 스트레스 사건에 대한 평가에서도 나타난다. Holmes와 Rahe(1967)는 다양한 생활 사건들이 유발하는 스트레스의 강도를 서로 비교할 수 있는 척도를 개발하였다. 그리고 Rahe(1970)는 사회재적응평가척도(The Social Readjustment Rating Scale)를 사용하여 스트레스를 유발하는 생활사건이 신체적인 질병을 일으키는 필요조건이 된다는 점을 규명하였다. 표 3-8에는 한국인과 미국인들이 스트레스를 유발하는 생활사건의 상대적인 강도를 평가한 자료가 제시되어 있다(홍강의, 정도언, 1982).

표 3-8을 보면, 일상생활에서 심각한 스트레스를 유발하는 사건들은 거의 대부분이 인간관계 영역에서 발생하는 문제라는 점을 알 수

표 3-8 **한국인과 미국인의 스트레스 관련 생활사건 비교**

	한국인	미국인
1위	자녀의 사망(74점)	배우자의 사망(74점)
2위	배우자의 사망(73점)	이혼(73점)
3위	부모의 사망(66점)	별거(65점)
4위	이혼(63점)	구금 및 징역(63점)
5위	형제자매의 사망(60점)	가족의 사망(63점)
6위	배우자의 외도(59점)	중병, 부상(53점)
7위	별거 후의 재결합(54점)	결혼(50점)
8위	부모의 이혼 및 재혼(53점)	직장에서의 해고(47점)
9위	별거(51점)	별거 후의 재결합(45점)
10위	직장에서의 해고(50점)	직업의 은퇴(45점)
11위	친한 친구의 사망(50점)	가족의 중병 및 행동변화(44)
12위	결혼(50점)	임신(40점)

있다. 스트레스 관련 생활사건 자료에 나와 있는 항목들 중 직장에서 해고되거나 은퇴하는 것, 질병에 걸리거나 상해를 입는 것 그리고 징역살이를 하는 것 등은 외견상 인간관계 영역에서 벗어나 있는 문제들처럼 보인다. 하지만 그러한 문제들도 마치 동전의 앞뒷면처럼 대인관계에서의 문제와 직결되어 있다는 점을 감안해 보면, 일상생활에서 겪는 모든 스트레스 유발 사건들은 대인관계 문제와 밀접한 관계가 있다.

한국인과 미국인이 스트레스 관련 생활사건을 평가할 때 차이를 보이는 영역 중 하나가 바로 부모-자녀 및 부부 관계에 관한 것이다. 표 3-8에 나와 있듯이, 한국인은 자녀의 사망이 가장 심각한 스트레스를 유발하는 사건으로 평가하였다. 반면에 미국인은 배우자의 사망을 가장 위협적인 사건으로 평가하였다. 특히 미국인은 가족의 죽음보다 배우자와 이혼하거나 별거하는 것이 더 큰 심리적인 상처를 준다고 보고하였다. 이러한 점은 한국인과 미국인이 대인관계에서 스트레스를 지각하고 경험하는 방식의 문화적 차이를 잘 보여준다고 할 수 있다.

Hofstede(2001)에 따르면, 한국은 집단주의 문화에 속하는 반면에 미국은 개인주의 문화에 속한다고 할 수 있다. 미국은 개인주의 사회이기 때문에 자유연애가 허용되는 반면 한국은 집단주의 사회이기 때문에 아직까지도 자유연애를 하는 데 제약이 뒤따른다. 미국인에게 결혼은 개인과 개인의 결합을 의미하는 것인 반면에 한국인에게 결혼은 집안과 집안의 결합을 뜻하는 경향이 있다. 따라서 한국에서는 연애결혼을 한다고 하더라도 실질적인 의미 면에서는 중매결혼과 유사한 면이 있다.

하지만 자녀 관계에서 두 나라는 정반대의 패턴을 보인다(고영건,

안창일, 2007). 한국과는 달리, 미국에서는 부모가 자녀를 자신의 순수한 의지에 기초해서 양육하는 데 제약이 뒤따른다. 왜냐하면 사회적인 간섭을 많이 받기 때문이다(예컨대, 엄격한 아동학대죄 적용). 하지만 상대적으로 한국에서는 자녀의 양육문제가 전적으로 부모에게 위임되는 경향이 있다. 따라서 한국인이 경우, 미국인에 비해 부모가 자녀와 개인의 자유의지로 관계를 맺을 수 있는 폭이 더 크다 하겠다. 따라서 한국인의 경우 자녀를 잃는 상실감이 배우자를 잃는 상실감보다 더 큰 반면에 미국인의 경우 배우자를 잃는 상실감이 자녀를 잃는 상실감보다 더 큰 경향이 있다.

(3) 동서양인의 논리적 추론 과정에서의 문화적 차이

Choi, Nisbett 및 Smith(1997)는 한국과 미국의 대학생들의 논리적 추론과정에서의 차이를 조사하였다. 그들은 다음과 같은 네 가지 논리적 판단 과제를 사용하였다.

A. 사자는 피 속에 효소 Q를 함유하고 있다.
  호랑이는 피 속에 효소 Q를 함유하고 있다.
∴ 토끼는 피 속에 효소 Q를 함유하고 있다.

B. 사자는 피 속에 효소 Q를 함유하고 있다.
  기린은 피 속에 효소 Q를 함유하고 있다.
∴ 토끼는 피 속에 효소 Q를 함유하고 있다.

C. 사자는 피 속에 효소 Q를 함유하고 있다.
  호랑이는 피 속에 효소 Q를 함유하고 있다.
∴ 포유류는 피 속에 효소 Q를 함유하고 있다.

D. 사자는 피 속에 효소 Q를 함유하고 있다.

   기린은 피 속에 효소 Q를 함유하고 있다.

∴ 포유류는 피 속에 효소 Q를 함유하고 있다.

Choi, Nisbett 및 Smith(1997)에 따르면, 대부분의 사람들은 A보다는 B가 그리고 C보다는 D가 더 설득력이 있다고 보고하였다. 하지만 상대적으로 D보다는 B가 더 어려운 인상을 준다. 왜냐하면 다양성 및 포함의 논리를 바탕으로 논리적인 추론을 할 때, D에서는 포유류라는 단어가 명시적으로 제시되지만 B에서는 스스로 생각해내야 하기 때문이다. 연구 결과, 미국 대학생들은 포유류라는 단어가 등장하든 안 하든 관계없이 다양성 및 포함의 논리를 바탕으로 논리적인 추론을 할 수 있었지만 한국 대학생들은 포유류라는 단어가 등장하지 않았을 때는 논리적인 추론을 하는 데 상대적으로 더 큰 어려움을 경험했다.

또 Norenzayan, Smith, Kim 및 Nisbett(2002)은 한국인, 한국계 미국인, 그리고 미국인의 세 집단에게 연역적 주장 20개를 제시하고서 각 주장들의 설득력을 평가하도록 요구하였다. 그 연역적 주장들 중 절반은 독수리와 새의 관계처럼 전형적인 대상에 관한 것이었고 나머지 절반은 펭귄과 새의 관계처럼 비전형적인 대상에 관한 것이었다. 연구 결과, 한국인들은 전형적인 대상에 관한 주장이 더 설득적이라고 판단하는 반면, 미국인들은 비전형적인 대상에 관한 주장도 전형적인 대상에 관한 주장과 마찬가지로 설득적이라고 평가했다. 한국계 미국인들은 그 중간 수준의 모습을 나타냈다. 이러한 점은 그럴 듯한 인상을 주는 삼단논법 과제에 대해서도 마찬가지로 나타났다.

A. 전제 1. 식물로 만들어진 모든 것은 건강에 좋다.
　　전제 2. 담배는 식물로 만들었다.
∴ 담배는 건강에 좋다.

B. 전제 1. A는 B가 아니다.
　　전제 2. 어떤 C는 B이다.
∴ 어떤 C는 A가 아니다.

C. 전제 1. 경찰견은 나이가 많지 않다.
　　전제 2. 고도로 훈련된 어떤 개들은 나이가 많다.
∴ 고도로 훈련된 어떤 개들은 경찰견이 아니다.

위의 삼단논법 과제에서 A, B, C 모두는 적어도 논리적으로는 타당한 주장들에 해당된다. 하지만 A는 결론이 그럴 듯하지 않고 C는 결론이 그럴 듯하며 B는 의미를 파악하기가 어려운 주장에 해당된다.

연구 결과, 한국인과 미국인 모두 그럴 듯한 결론을 가진 삼단논법을 그럴 듯하지 않은 삼단논법보다 더 타당하다고 판단하는 오류를 보였다. 하지만 이러한 경향성은 유독 한국인에게서 더 강하게 나타났다. 다시 말해서 한국인은 논리적인 추론 자체보다는 경험에 근거한 판단을 더 많이 하는 경향이 있었다. 하지만 이러한 차이가 논리적 능력에서의 차이를 반영하는 것은 아니었다. 왜냐하면 두 집단 모두 순수한 추상적 삼단논법 과제에서는 오류를 범하는 수준이 유사했기 때문이다. 결론적으로 한국인들은 그럴 듯한 결론인 것처럼 보이는 삼단논법에 대한 심리적 저항 수준이 상대적으로 더 낮은 것으로 보인다.

4

청소년 건강행동의
최적화와 멘탈 휘트니스

1. 청소년 건강 교양

1) 건강 교양의 개념

건강 교양(health literacy)은 개인이 자신의 건강을 위한 최적의 결정을 내리는 데 기본적인 건강정보나 서비스를 획득, 처리, 이해, 적용할 수 있는 능력을 말한다(Ratzan & Parker, 2000). 다시 말해서 건강 교양은 메시지 수용자의 건강 관련 영역에서의 교양적 지식과 기술을 의미한다.

건강 교양이라는 용어는 1974년 미국에서 학생들의 건강교육을 위한 지침서를 제작하는 과정에서 처음 사용되었다(백혜진, 이혜규, 2013). 이러한 건강 교양은 미국의 'Healthy People 2010' 캠페인(U.S. Department of Health and Human Services, 2000)과 'Healthy People 2020' 캠페인(U.S. Department of Health and Human Services, 2010)에서 중요한 과제로 포함되어 있다. 하지만 한국 보건복지부(2011)의 '제3차 국민건강 증진종합계획(2011~2020)'에는 여전히 빠져있는 개념이기도 하다.

Nutbeam(2000)은 기존의 건강 교양이 비교적 기초적인 형태의 정보 습득능력 영역에서 논의되었다고 비판을 제기하였다. Nutbeam(2000)에 따르면, 건강 교양은 개인이 정보에 접근하는 기회를 스스로 확보할 줄 알고 또 탐색된 정보를 적극적으로 활용하는 데 필요한 개인적 · 인지적 · 사회적 기술이 되어야 한다. 이런 관점에서 건강 교양은 다음의 세 가지 유형으로 구분할 수 있다(Nutbeam, 2000). 첫째, 사람들이 자신이 속한 사회 속에서 원활하게 기능하기 위해 사용하는 지식과 기술을 뜻하는 기능적 건강 교양이다. 둘째, 다양한 문제 상황에

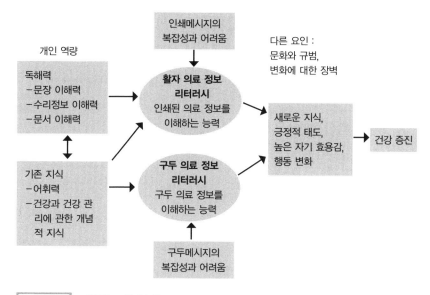

그림 4-1 건강 교양 모델

서 여러 가지 정보원을 활용해서 건강정보를 얼마나 신속하게 그리고 정확하게 얻는지와 관계된 상호작용적 건강 교양이다. 마지막으로 건강 관련 영역에서의 고차적인 인지기술을 의미하는 비판적 건강 교양이다. 예를 들면, 건강의 사회·경제적 결정요인을 찾아내거나 공중보건을 위한 사회적 행동을 할 수 있는 수준의 지적 능력이 여기에 해당된다.

한편 Zarcadoolas, Pleasant 및 Greer(2006)는 건강 교양에서 능력보다는 기술 측면을 더 중시한다. 특히 이들은 건강 교양이 학습을 통해 계속해서 변화할 수 있다는 점을 강조한다. 이들에 따르면, 건강 교양 수준이 높은 사람들은 건강에 관한 폭넓은 정보를 가지고 있고 또 실생활에서 그러한 정보와 기술들을 유용하게 활용한다.

Baker(2006)는 건강 교양에 관한 기존의 관점들을 종합하는 맥락에서 다차원적인 모델을 구성하였다. Baker(2006)의 모델에 따르면, 건강 교양은 크게 개인의 역량과 환경의 영향 간 상호작용에 의해 결정된다. 그림 4-1에는 Baker(2006)의 건강 교양 모델이 도시되어 있다.

2) 건강 교양의 측정

Davis 등(1993)은 'REALM(Rapid Estimate of Adult Literacy in Medicine)'이라는 건강 교양 척도를 개발하였다. 이 척도는 신체와 질병에 관한 66문항으로 구성되어 있으며 가장 대표적인 건강 교양 척도 중 하나다. 이 척도는 김성수와 김상현, 이상엽(2005)에 의해 한국에서 '의료정보 이해 능력(Health Literacy)' 검사로 개발된 바 있다.

Parker, Baker, Williams 및 Nurss(1995)는 'TOFHLA(The Test of Functional Health Literacy in Adults)'라는 의료 상황에서 요구되는 독해력과 수리력을 평가하는 또 다른 건강 교양 척도를 개발하였다. REALM과는 달리, TOFHLA는 수리력에 대한 평가도 포함하고 있기 때문에 환자의 건강 교양 수준을 측정하는 데 더 적합한 도구로 보인다. 하지만 TOFHLA는 검사를 실시하는 데만 20분 이상이 소요되기 때문에 병원에서 사용하는 데 많은 제약이 뒤따랐다.

이러한 점을 고려하여 Baker, Williams, Parker, Gazmararian 및 Nurss(1999)는 TOFHLA의 축약형, S-TOFHLA를 개발하였다. 이 도구는 TOFHLA에 비해 실시하는 데 걸리는 시간이 약 절반 수준으로 줄어들어 효율성이 크게 개선되었다.

비록 REALM과 TOFHLA가 건강 교양에 관한 타당한 지표로 평가받을 지라도, 표 4-1에 예시되어 있는 것처럼 이들은 건강 교양의 일부만을 평가한다는 문제점을 안고 있다. 이러한 점을 감안

표 4-1 S-TOFHLA 문항의 예시

구분	예시	질문	정답
수리력 1 (복용 안내문)	필요한 경우, 매 6시간마다 한 알씩 복용하세요.	이전에 오전 7시에 복용을 했다면, 다음 번에는 언제 복용해야 합니까?	오후 1시
수리력 2 (안내문)	정상인의 혈당 수치는 60~150 사이입니다. 당신의 혈당 수치는 160입니다.	당신의 혈당 수치는 정상입니까?	아니요
수리력 4 (복용 안내문)	식사 한 시간 전 또는 식사 후 세 시간이 지난 공복 상태에서 복용하세요.	당신이 12시에 점심을 먹는 경우, 식전에 복용하려면 언제 복용해야 합니까?	오전 11시 이전

하여 'HALS(the Health Activities Literacy Scale; Educational Testing Service, 2006)'에서는 다섯 가지 건강 분야에 대한 평가를 진행한다. 그 다섯 가지 영역은 건강 증진(health promotion), 건강보호(health protection), 질병예방(disease prevention), 건강돌봄과 유지(health care and maintenance), 그리고 의료체계 네비게이션(systems navigation)이다. 하지만 HALS는 다방면을 측정한다는 장점이 있는 반면에 실시 시간이 많이 걸린다는 단점이 있다.

3) e-건강 교양

21세기는 정보화 사회로 불린다. 현재 인터넷은 건강 관련 정보로 넘쳐나고 있다. 구글에 'health'라고 검색어를 입력하면, 약 1,250,000,000개의 건강 관련 문서가 검색된다. 하지만 이러한 온라인 정보가 모두 사실만을 담고 있는 것은 아니다. 예를 들면, 검색 프로그램을 이용해 어린이 발열이라는 검색어를 입력하면, 검색된 사이트의 42%에서 오류가 발견되기도 한다(백혜진, 이혜규, 2013).

Eysenbach와 Köhler(2002)에 따르면, 독일의 인터넷 사용자들이 특정 건강정보를 인터넷을 통해 검색하는 데 소요되는 시간은 불과 6분이 채 안 되는 것으로 나타났다. 특히 이 연구에 참여한 사람들은 정보의 출처에 해당되는 웹사이트의 목적이나 특징에 대해서는 간과하는 경향이 있었다. 하지만 이러한 웹사이트의 목적이나 특징과 같은 정보는 건강 관련 정보의 신뢰성을 평가할 때 간과되어서는 안 되는 정보이다. 아무리 인터넷에 정보가 많이 업로드되어 있다 하더라도 옥석을 가릴 줄 아는 지혜가 없다면, 그러한 방대한 정보는 백해무익한 것이 될 수 있다(백혜진, 이혜규, 2013). 이런 맥락에서 Norman과 Skinner(2006)는 인터넷 또는 뉴미디어에서 전달되는 건강 관련 정보를 찾아내고 이해하며 평가하고 적용할 수 있는 능력을 'e-건강 교양(e-Health Literacy)'이라고 명명하였다.

Norman과 Skinner(2006)에 따르면, e-건강 교양은 여섯 가지 항목으로 구성된다. 첫째, 능숙하게 읽고 말하는 교양 능력이다. 둘째, 자신의 건강을 돌보고 건강시스템을 이용할 줄 아는 건강 교양이다. 셋째, 문제 영역과 관련된 정보를 찾을 줄 아는 정보 교양이다. 넷째, 과학적 정보에 대한 기본적인 이해 및 판단능력을 뜻하는 과학 교양이다. 다섯째, 미디어의 내용을 비판적으로 성찰할 줄 아는 미디어 교양이다. 마지막으로 컴퓨터를 활용할 줄 아는 컴퓨터 교양이다.

4) 청소년 건강 교양

청소년기는 건강 및 질병 문제와 관련해서 매우 중요한 시기에 해당된다. 흡연과 음주 문제를 비롯해 건강을 위협하는 대표적인 위험 요인들이 대부분 청소년기에 시작되기 때문이다(Chassin, Presson, Rose, & Sherman, 1996). 또 청소년기에는 신체질환에 직·간접적인 영향을 주는 정신건강 문제도 핵심적인 이슈로 대두된다(Holden & Nitz, 1995). 이런 점에서 청소년들에게 건강 교양을 가르치는 것은 건강한 사회를 만들기 위한 필수 과제라고 할 수 있다. 이런 맥락에서 Manganello(2008)는 청소년의 건강 교양을 위해 다음과 같은 필수과제들을 제안하였다.

- 청소년의 건강 교양 수준을 평가하기 위한 척도 개발
- 청소년의 건강 교양 수준을 설명해줄 수 있는 심리·사회적 예측 변인들의 발굴
- 청소년의 건강 교양 수준과 신체적 건강 및 정신적 건강 간 관계 분석
- 청소년의 건강 교양 수준 증진을 위한 개입 프로그램의 개발

Paek과 Hove(2012)는 청소년의 e-건강 교양을 증진시킬 수 있는 프로그램을 개발한 후 그 효과를 검증하는 연구를 수행하였다. 이를 위해 그들은 학생들의 인터넷 사용 패턴과 e-건강 교양 수준 그리고 건강 문제에 대한 관심도 등을 사전 평가하였다. 그 후 수업 시간을 이용해 컴퓨터 실습실에서 e-건강 교양 증진 프로그램을 실시하였다. 이때 주 교육내용은 다음의 세 가지로 구성되었다.

- 인터넷에서 원하는 정보를 찾기 위한 검색 전략에 대한 교육

- 미국 정부에서 제공되는 건강 관련 사이트에 접속한 후 복잡한 사이트의 구조를 익히고 활용하는 훈련
- 검색된 정보들 중에서 신뢰할 수 있는 정보와 자신에게 꼭 맞는 정보를 변별하는 능력

Paek과 Hove(2012)에 따르면, 비록 제한된 기간 동안 온라인으로 진행된 교육이었을지라도 참여 학생들의 e-건강 교양 수준을 증진시킬 수 있었다. 다만 프로그램에 참여하기 전부터 건강 교양에 관심이 있었던 학생들의 경우에는 변화의 폭이 상대적으로 좁은 것으로 나타났다. 하지만 e-건강 교양에 대한 관여도가 높을수록, 인터넷을 통해 정보를 탐색하는 것이 중요하다고 믿을수록, 그리고 자신에게 의미 있는 사람들이 인터넷을 통해 검색된 건강정보의 가치를 높이 평가할수록 e-건강 교양 증진 프로그램의 효과도 더 컸다.

2. 청소년 정신건강 교양

1) 청소년 건강 문제에서 정신건강 교양의 중요성

때때로 사람들은 건강 관련 메시지에 대해 심리적으로 반발하기도 한다. 유선욱과 박계현, 나은영(2009)은 신종플루와 관련된 건강 메시지의 설득효과를 연구했다. 이 연구에서 위협의 심각성이 높게 조작된 메시지에 대해서 수용자들은 오히려 심리적으로 반발하는 모습을 나타냈다. 건강 메시지에 대한 이러한 심리적 반발은 금연광고에 대해서 흡연율을 높이고 금주광고에 대해서 음주율을 높이며 안전한 성생활을 강조하는 메시지에 대해 위험한 성행동으로 반응하는 형태로 표출

되기도 한다(백혜진, 이혜규, 2013).

1998년 미국 의회는 청소년의 마약 예방을 위해 전국 규모의 미디어 캠페인을 진행하였다(Boomerang ads, 2005). 이 캠페인에 천문학적인 규모의 자금을 투입한 결과, 청소년 10명 중 9명이 일주일에 최소한 네 번은 이 메시지에 노출될 정도로 광고가 반복해서 집행되었다. 그 광고의 내용은 다음과 같다.

> 마리화나를 하지 않는 것이 더 멋진 거야. 해야 할 일들이 얼마나 많은데. 마약 복용자 통계에 내가 끼는 것을 원치 않아. 요즘 아이들이 마리화나나 피워 댄다고? 나는 아니야. 나는 작가고 미식 축구팀의 하프백이야. 난 나를 보호하기 위해서 마약을 안 해. 마약하는 것은 나의 모습이 아니야. 내 삶은 내가 선택해. 나는 마약을 거부할 거야.

하지만 캠페인의 결과는 놀라운 것이었다. 이 캠페인은 부모 세대의 성인들에게는 좋은 성과를 나타냈다. 문제는 캠페인의 주 목표 대상이었던 청소년이었다. 이 캠페인은 청소년에게 별다른 효과를 주지 못했다. 오히려 역효과의 가능성을 보였는데 캠페인 광고를 보았다고 응답할수록 마약을 하는 비율이 더 높았다. 더구나 그들은 마약이 사회적으로 어느 정도는 용인된다고 믿었다. 이것은 캠페인의 원래 의도와는 다르게 광고를 통해 일부 청소년들은 마약이 사회적인 문제가 될 정도로 주변에 만연되어 있다는 힌트를 주었을 가능성을 시사한다.

정신적으로 건강하지 못한 청소년에게는 건강 캠페인의 메시지들이 원래의 의도와는 다르게 부정적인 방향으로 기능할 수 있다. 예를 들면, 미국의 한 금연 광고에서는 "네가 만약 10대라면 흡연은 미친 짓이야."라는 메시지를 내보냈다(백혜진, 이혜규, 2013). 하지만 성인의 세계를 동경하고 금지된 것을 반항적으로 추구하는 청소년에게 이러한 메시지는 자극제의 역할을 할 가능성이 있다. 결론적으로 이러한 점들은 수용자의 정신건강이 뒷받침되지 않으면, 단순히 건강 관련 메시지를 전달한다고 해서 기대했던 효과가 보장되는 것은 아니라는 점을 보여준다.

2) 정신건강 교양의 중요성 : 정신건강의 패러독스

정신건강 교양은 정신장애의 인식, 관리, 혹은 예방에 도움이 되는 정신건강 관련 지식과 신념을 말한다(Jorm, et al., 1997). 기본적으로 정신건강 교양은 건강 교양을 정신건강 영역에 적용한 것으로 볼 수 있다. 하지만 건강 교양과는 달리 정신건강 교양에서는 동일성의 허구 문제(Kiesler, 1966)가 중요한 이슈가 될 수 있다. 바로 정신건강을 어떻게 정의 내리는가에 따라 정신건강 교양의 수준에 대한 평가도 달라질 수 있기 때문이다.

긍정심리학에서는 단순히 정신 질환이 없다는 것이 정신적으로 건강한 상태에 있음을 의미하는 것은 아니라고 주장한다(Keyes & Lopez, 2002). 따라서 만약 누군가가 비록 정신장애의 문제는 없을지라도 정신적 번영(flourishing) 상태에 속하지 않는다면, 온전한 형태의 정신 건강을 향유하지 못하는 것이 된다. 특히 이러한 관점에서 보면, 정신병리는 없지만 웰빙 수준도 낮은 정신적으로 쇠약한 상태(languishing)에 있는 사람은 정신건강 교양의 측면에서 자조적인 노력을 기울일 필요가 있다. 하지만 만약 이 사람이 병리적 관점에 기초한 정신건강 개념을 믿고 있다면 특별히 정신건강과 관련해서 자조적인 노력을 기울이거나 특별히 다른 전문가의 도움을 구하지 않게 될 것이다.

이런 점에서 현대 사회에서 중시되어야 할 정신건강 교양 중 하나는 **정신건강의 패러독스** 문제를 이해하는 것이 된다. 정신건강의 패러독스란 정신건강을 증진시키기 위한 노력이 절실히 요구되는 사람들은 정신건강 교양 문제에 관심을 거의 안 기울이고 또 정신적으로 이미 남들보다 뛰어나게 건강하기에 정신건강을 증진시키기 위한 추가적인 노력을 사실상 기울일 필요가 없는 사람들은 일반 사람들보다 멘탈 휘트니스 문제에 더 큰 관심을 두는 것이다(김진영, 고영건, 2009, 2013). 하버드 대학의 성인발달 연구(Vaillant, 1977, 1997, 2000, 2002) 결과에 따르면, 신체적으로나 정신적으로 매우 뛰어났기에 선발되었던 하버드대학 졸업생들이 일반인보다 심리상담 또는 심리치료를 약 3배 더 많이 받은 것으로 나타났다. 이러한 결과는 그들이 일반인보다 삶에서 더 큰 문제를 겪었기 때문에 심리상담을 받았다기보다는 예방적인 목적에서 그리고 정신건강을 증진시키고자 하는 목적에서 정신건강 프로그램에 참여했던 것으로 해석할 수 있다. 이러한 점은 체력 단련을 위해 휘트니스 센터에 열성적으로 출입하는 사람들 중에는 신체적인 운동이 절실히 요구되는 사람들보다는 사실상 추가적인 운동이 별로 필요가 없는 건장한 사람들이 더 많이 포함되어 있는 것과 유사한 이치라고 할 수 있다. 마찬가지 맥락에서 정신건강 교양 역시 삶에서 그러한 것이 절실히 요구되는 사람들보다는 사실상 이미 그러한 삶의 지혜들을 잘 활용하고 있는 사람들이 더 큰 관심을 둘 수 있다.

여기서 정신건강 교양이 심리적인 문제 증상이 발생했을 때만 영향을 주는 것이 아니라는 점에 유의할 필요가 있다. 사실 대중에게 정신건강 관련 교양 교육을 시켜야 하는 본질적인 이유 중 하나는 그러한 노력이 요나 콤플렉스(Jonah complex)에 대한 길항적 억제(competitive inhibition) 작용을 할 수 있기 때문이다. Maslow(1971)는 개인이 정신적 성장에 대한 두려움 때문에 회피적인 태도를 취하는 것을 요나 콤플렉스라고 불렀다. 이런 점에서 청소년들의 정신건강을 향상시키기 위해서는 긍정적 정신건강 개념에 기반한 교양 프로그램을 교육 및 정책적 차원에서 보급하고자 노력하는 것이 중요하다 하겠다.

3) 정신건강 교양과 셀프 모니터링

정신건강 교양에서 핵심적 측면 중 하나는 자신의 내적 상태에 대해 정확하게 지각하고 이해하는 것이다. 하지만 정신과 환자와 정상인이 자신의 성격에 대해 스스로 보고하는 특성을 비교한 연구(Greene, 1991)에 따르면, 놀랍게도 정상인들은 정신과적인 문제증상들에 대해 신경증 환자들 또는 정신병 환자들보다도 자신들에게 문제가 더 많다고 보고한다. 여기서 정신병 환자는 정신과 폐쇄병동 입원 환자를 뜻하며 신경증 환자는 혼란 상태가 입원을 요할 만큼 심각하지는 않아 주로 정신과 외래에서 통원 치료받는 환자를 의미한다.

정신과적인 문제증상을 기술하는 50개의 문항들을 정상인 집단과 정신과 환자 집단에게 각각 평정하도록 했을 때, 그중 14개 문항에서 유의미한 차이가 나타났다. 그런데 놀라운 사실은 그 14개 문항 중 무려 11개 문항에서, 스스로 문제가 있다고 시인한 사람들의 숫자가 정신과 환자 집단보다 정상인 집단에서 더 많았다는 점이다. 예를 들면, "당신은 타인에 대해 비판적입니까?"라는 질문에 대해서 신경증 환자들은 32% 그리고 정신병 환자들은 39%가 "그렇다"라고 답했다. 하지만 정상인들은 무려 69%가 "그렇다"라고 응답했다. 이처럼 정신과 환자들에 비해서 정상인들이 보다 더 "그렇다"라고 응답하는 문항들로는, "특별한 이유 없이 기분변화가 나타납니까?", "당신은 자주 백일몽에 잠깁니까?" 등이 있었다.

객관적으로는 정상인보다는 명백히 정신과적인 증상을 나타내는 신경증 환자들과 정신병 환자들이 문항에서 평가하는 문제행동들을 더많이 나타낸다. 따라서 Greene(1991)의 연구 결과는 일반인의 정신건강 교양의 문제를 반영하는 것으로 해석할 수 있다.

4) 정신장애에 대한 변별력과 정신건강 교양

Frankl(1969)에 따르면, 일반인은 정신장애를 변별하는 데 어려움을 보인다. 그는 의미에의 의지(The Will to Meaning)라는 저서에서 자신의 일화를 다음과 같이 소개하였다.

> 약 30년 전에 나는 비엔나에서 정신의학과 실존주의에 관한 강의를 한 적이 있었다. 그때 나는 청중들에게 2개의 인용문을 보여주었다. 인용문들 중 하나는 실존주의 철학자 하이데거의 글에서 발췌한 것이고, 또 다른 인용문은 그 당시에 내가 재직하고 있던 비엔나 국립병원에서 입원치료를 받고 있던 정신분열증 환자와의 대화 내용에서 뽑은 것이었다. 청중들에게 이러한 내용을 설명해 준 다음에, 두 가지 글 중 어느 것이 조현병 환자의 글인지를 알아 맞춰 보도록 하였다. 그 결과, 놀랍게도 청중들의 압도적인 다수가 조현병 환자의 말을 하이데거의 글에서 베껴온 것이라고 생각하였고 또 하이데거가 쓴 문장은 오히려 조현병 환자의 말이라고 믿었다(Frankl, 1969, p. 45).

여기서 초점을 맞추고자 하는 점은 하이데거라는 위대한 철학자의 주장이 조현병 환자와 유사하다는 점이 아니다. 명백히 하이데거는 위대한 철학자 중 하나다. 다만 이 일화는 일반 사람들이 위대한 철학가의 창조적인 사고와 조현병 환자의 기이한 사고를 올바르게 구분하지 못할 정도로 정신건강 교양의 문제가 매우 복잡한 현상이라는 점을 보여준다.

또 Jorm(2000)에 따르면, 많은 일반인들은 정신장애를 제대로 인식하지 못하며 정신건강 관련 용어의 의미를 정확하게 이해하는 데도 어려움을 보인다. 호주의 일반인들에게 주요 우울증이나 조현병을 앓고 있는 사람의 모습을 짤막하게 보여주었을 때, 대부분 뭔가 정신건강 문제가 있다는 것은 알아차렸지만 오직 39%만이 주요 우울증을, 그리고 27%만이 조현병이라는 병명을 정확하게 사용했다. 그리고 일반인들의 11%는 우울증을 단순한 신체적인 장애로 오인했다. 또 일반인들은 조현병과 조증이란 용어에 대한 이해가 부족했으며 많은 사람들이 조현병을 성격의 문제로 오해하였다. 그리고 많은 일반인들은 우울증의 기분증상에 대해서는 어느 정도 알고 있지만 우울증이 동반하는 신체적인 문제들에 대해서는 그만큼 잘 알지 못했다. 이러한 결과들은 정신건강 교양의 중요성을 다시 한 번 상기시켜 준다.

3. 청소년 정신건강 교양과 멘탈 휘트니스 간 관계

1) 긍정적 정신건강 교양과 멘탈 휘트니스 간 관계

Keyes(2002, 2007)는 긍정적 정신건강의 개념을 바탕으로 미국인의 정신건강 유형을 분석하였다. 그는 이 연구에서 정신장애 유무와 정신적 번영 수준을 결합하여 미국의 성인을 다음의 여섯 집단으로 재구성하였다.

- 정신장애 집단
- 중간 수준의 정신적 문제 증상을 보이는 정신적 쇠약 집단
- 경미한 정신적 문제 증상을 보이는 정신적 취약 집단
- 정신적 문제 증상을 보이지 않는 정신적 피로 집단
- 정신적 문제 증상을 보이지 않는 낮은 스트레스 집단
- 정신적 번영 집단

그림 4-2는 미국인을 기준으로 했을 때, 일반 사람들의 정신건강 분포와 정신적으로 건강한 엘리트 집단 간 여섯 가지 정신건강 유형의 분포를 비교한 것이다(Keyes, 2007). 그림 4-2에서 실선과 점선 간의 차이는 각각 정신건강 프로그램에서의 전통적 심리상담의 효과(왼쪽

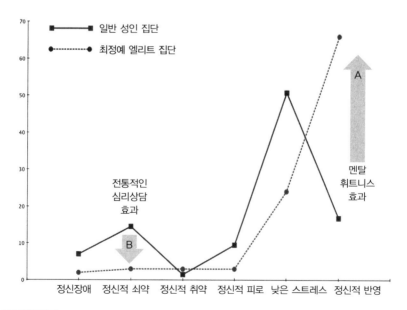

그림 4-2 ▶ **전통적 심리상담과 긍정적 정신건강 교양(멘탈 휘트니스)의 효과 비교**

화살표 부분)와 긍정적 정신건강 교양의 효과(오른쪽 화살표 부분 : 멘탈 휘트니스의 효과)를 보여준다. 앞서 소개한 것처럼, 긍정적 정신건강과 멘탈 휘트니스는 사실상 동의어라고 할 수 있다.

정신적 번영 모델(Keyes, 2002, 2007)에 따르면, 정신적 문제 증상을 보이지 않는 정신적 번영 집단의 경우 일반인 표본에서는 약 17%인 반면에 정신적으로 건강한 엘리트 표본에서는 약 66%로 추정된다. 대조적으로 정신적 문제 증상을 보이는 집단(정신장애, 정신적 쇠약, 정신적 취약)의 경우, 일반인 표본에서는 약 25%인 반면에 정신적으로 건강한 표본에서는 약 8%로 추정된다. 따라서 정신건강 프로그램에서는 그림 4-2에서 B영역을 낮추려는 노력과 A영역을 증가시키려는 노력이 동시에 요구된다. 하지만 B의 효과(17% : 25%를 8%로 낮춤)보다는 A의 효과(49% : 17%를 66%로 높임)가 더 큼에도 불구하고 지금까지 정신건강 프로그램에서는 주로 A영역을 낮추는 데 주의를 기울여 왔다.

하지만 긍정적 정신 교양의 효과(멘탈 휘트니스의 효과)가 오직 정신적인 번영 집단에만 국한되어 나타나는 것으로 오해하지 않도록 주의할 필요가 있다. 왜냐하면 멘탈 휘트니스의 효과는 자살행동을 비롯한 정신장애 및 문제행동들을 경감시키는 데도 중요한 역할을 할 수 있기 때문이다. 그 좋은 예가 바로 정신장애와 자살행동 간 관계에서 행복도의 조절효과를 검증한 연구이다(김진영, 고영건, 2011).

기본적으로 긍정심리학에서는 자살행동에 대해서도 정신장애와 행복도가 상호작용하는 형태로 영향을 줄 것으로 예측한다. 즉 정신장애가 자살행동에 미치는 효과는 높은 행복도 집단보다는 낮은 행복도 집단에서 더 클 것으로 기대된다는 것이다. 이것은 행복도가 자살행동에 미치는 효과의 경우에도 정신적 번영 집단보다는 높은 수준의 정신

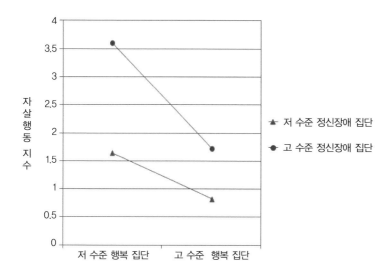

그림 4-3 정신장애와 자살행동 간 관계에서 행복도의 조절 효과

장애 집단에서 더 크게 나타날 수 있음을 뜻한다. 그림 4-3은 김진영과 고영건(2011)의 연구 결과를 도시한 것이다. 그림 4-3은 정신장애와 자살행동 간 관계에서 행복도가 유의미한 조절효과를 나타내는 점을 보여준다. 이러한 결과는 긍정심리학에서 예측하는 관점과 정확하게 일치하는 결과이다.

김진영과 고영건(2011)의 연구에서는 낮은 수준의 정신장애 집단과 높은 수준의 정신장애 집단 모두 행복감의 증진이 자살행동 수준을 낮추는 데 기여하는 것으로 나타났다. 하지만 여기에서 중요한 점은 행복감 증진이 자살행동의 가능성을 낮추는 효과가 정신적으로 건강한 집단에 비해 높은 수준의 정신장애 집단에서 더 크게 나타났다는 점이다. 이러한 결과는 자살예방을 위한 심리학적인 개입과정에서 정신적으로 건강한 집단뿐만 아니라 높은 수준의 정신장애 집단에 대해서도 정신건강 교양 증진 프로그램을 시행하는 것이 중요하다는 점을 보여준다.

사실 지금까지 자살예방과 관련된 심리사회적 개입과정에서는 정신병리의 중요성을 상대적으로 강조해 왔다(예컨대, Hales & Yudofsky, 2003). 하지만 김진영과 고영건(2011)의 연구 결과는 행복감 증진을 중심으로 한 정신건강 교양 증진 프로그램이 궁극적으로 자살예방에 긍정적인 기여를 할 수 있다는 점을 보여준다. 왜냐하면 높은 수준의 정신장애를 보이는 집단의 경우에도 행복도 수준에 따라 자살행동 점수에서 유의미한 편차를 나타내기 때문이다. 이런 점에서 정신건강 교양은 삶 속에 존재하는 다양한 부정성 속에서도 정신적 긍정성을 회복하고 유지하며 또 강화하는 데 기여한다고 할 수 있다.

김진영과 고영건(2011)의 연구 결과는 Seligman(2002)이 긍정심리학적 접근이야말로 정신건강 전문가들의 '천부적 권리(birthright)에 해당된다고 주장했던 것과 일맥상통한다. 자살행동의 문제를 다루는 것은 정신건강 전문가들의 고유 업무 중 하나이다. 전통적인 접근에서는 자살과 같은 문제를 다루는 상황에서 우울이 아니라 행복을 다루는 것은 머나먼 미래의 과제를 앞당겨 시행한다는 점에서 한가하거나 사치스러운 접근으로 평가하는 경향이 있었다. 하지만 그림 4-3의 결과는 정신건강 교양을 통해 행복도가 증진될 경우, 자살을 예방하는 데도 효과적일 수 있음을 보여준다.

2) 청소년의 정신건강 교양 증진을 위한 긍정심리 프로그램

(1) 긍정심리 프로그램

긍정심리 프로그램은 긍정심리학을 심리치료에 적용한 여러 개입들 중 하나로서, Seligman(2002)의 이론에 토대를 두고 있다. Seligman과 그의 동료들은 심리적인 문제가 없는 건강한 사람들이 보다 더 행복해지는 데 실질적인 도움을 받을 수 있도록 긍정심리 프로그램을 제안하였다(Seligman, Rashid, & Parks, 2006; Seligman, Steen, Park, & Peterson, 2005). 이러한 긍정심리 프로그램에서는 인간의 긍정적 상태와 특성을 강화하고 또 강점과 덕목을 계발함으로써 내담자가 자신의 잠재력을 온전하게 실현할 수 있도록 돕고자 한다(Compton, 2005). 긍정심리 프로그램은 적용대상이 정신과 환자나 내담자인 경우 긍정심리 치료 프로그램으로 불리지만 이 글에서는 정신건강 교양 프로그램의 맥락에서 소개하는 것이기 때문에 긍정심리 프로그램이라는 용어를 사용하고자 한다.

Keyes(2002, 2007)에 따르면, 긍정심리 프로그램의 목표는 단순히 정신병리가 없는 상태에 머무르는 것이 아니라 정신적인 번영 상태 또는 행복한 상태에 도달하는 것이 된다. 이처럼 긍정심리 프로그램은 증상의 경감과 문제의 해결에 초점을 두는 전통적인 심리치료와는 구별된다.

Seligman과 그의 동료들(2006)이 제안한 긍정심리 프로그램의 원리를 요약하면 다음과 같다. 첫째, 긍정심리 프로그램은 긍정 정서에 초점을 둠으로써 참여자의 주의, 기억 및 기대가 부정적이고 파국적인 것으로부터 벗어나 긍정적이고 희망적인 것으로 바뀔 수 있도록 한다. 예를 들어, 참여자들이 일과를 끝낸 후에 고민거리와 미해결된 업무보다는 긍정적인 사건들과 완결된 것을 기억하도록 유도하는 것이다. 또 감사편지를 쓰게 하는 방법을 통해 참여자는 자신의 과거 인간관계에서 괴로웠던 기억 대신에 타인으로부터 경험한 좋은 일들을 떠올릴 수 있다.

둘째, 긍정심리 프로그램에서는 참여자들이 행복감을 증진시킬 수 있도록 돕는 외부적이고 행동적인 기법들을 중점적으로 활용한다. 예를 들어, 참여자가 자신의 고유한 강점을 더 잘 깨닫게 될수록 자신의 강점이 실제생활에서 보다 더 효과적으로 발현될 수 있도록 만들 수 있다. 또 참여자가 동료나 친구, 가족으로부터 접하는 좋은 소식에 대해 적극적이고 건설적으로 반응하도록 교육함으로써 인간관계를 향상시킬 수 있다. 또 이를 통해 실제적인 사회기술을 효과적으로 증진시킬 수 있다(Gable, Reis, Impett, & Asher, 2004).

셋째, 긍정심리 프로그램에서는 참여자가 삶의 의미를 적극적으로 탐색할 수 있도록 돕는 방편의 하나로써 강점을 강조한다. 긍정심리 프로그램에서 리더는 참여자들이 자신의 고유한 강점을 파악하도록 격려한다. 참여자들은 **성격 강점** 검사를 실시한 후, 자신의 고유한 강점을 활용하는 새로운 방법들을 고안해낸다. 그 과정에서 리더는 참여자가 이미 보유하고 있던 핵심적인 긍정적 특질을 찾아내어 그에 주의를 기울이고, 기억하며, 그 특질을 사용하는 것을 강조한다.

지금까지 소개한 긍정심리 프로그램의 작동원리는 Seligman(2002)이 제시한 세 가지 행복, 즉 **즐거운 삶**, **적극적인 삶**, **의미 있는 삶**에 초점을 맞춘 것이다. 이것은 개인이 보유하고 있던 강점들에 새롭게 주의를 기울이고, 긍정 정서를 느꼈던 경험들을 기억해내며 이를 토대로 미래 또한 긍정적으로 기대하는 것을 특징으로 한다. Seligman과 그의 동료들(2006)은 그와 같은 과정을 통해 긍정심리 프로그램 참여자의 긍정 정서가 나선형의 상승곡선을 나타낼 수 있다고 보았다.

(2) 긍정심리 프로그램의 효과 검증 연구

여기에서는 박성희와 김진영(2012)이 긍정심리 프로그램의 효과를 검증한 국내외의 대표적인 연구들을 리뷰한 내용을 중심으로 소개하고자 한다.

① 해외에서의 긍정심리 프로그램 효과검증 연구

긍정심리 프로그램의 효과를 검증한 대표적 해외 연구에는, Seligman과 그의 동료들(2006)이 우울증을 호소하는 내담자들을 대상으로 집단 및 개인 긍정 심리치료의 효과를 확인한 연구가 있다. 그들은 중등도 이하의 우울증을 겪고 있는 대학생들에게 매주 2시간씩 6주 동안 긍정 심리치료(집단 치료 형태)를 실시하고 통제 집단과 비교하여 그 효과를 검증하였다. 참가자들의 삶의 만족도와 우울 정도를 사전/사후 평가한 결과, 실험 집단은 통제 집단에 비해 삶의 만족도가 증가하였다. 우울증도 현저하게 호전되었는데, 이러한 효과는 치료 종료 1년 후에도 유지되었다. 반면 통제 집단은 삶의 만족도와 우울 정도에서 유의미한 변화를 보이지 않았다.

또 개인 치료 형태의 긍정 심리치료를 심한 우울증이 있는 내담자들을 대상으로 실시한 후, 전통적인 심리치료 집단, 그리고 약물 치료와 전통적인 심리치료를 조합한 치료를 받은 집단과 비교하였다. 결과를 보면, 긍정 심리치료를 받은 집단의 우울 증상이 두 비교 집단에 비해 유의미하게 더 호전된 것으로 나타났다. 이러한 긍정 심리치료를 중학생들을 대상으로 실시했을 때도 역시 행복감의 증가가 확인되었고 효과 크기도 큰 것으로 나타났다(Rashid, Anjum, & Lennox, 2006).

최근 긍정심리 개입의 효과에 대한 39개의 연구를 메타 분석한 연구

(Bolier, Haverman, Westerhof, Riper, Smit, & Bohlmeijer, 2013)에 따르면, 긍정심리 개입이 주관적 안녕감과 심리적 안녕감의 향상, 그리고 우울감의 감소에 유의한 효과가 있는 것으로 확인되었다. 또 그 효과는 연구에 따라 3개월에서 6개월 이후에도 지속되는 것으로 나타났다.

한편 긍정 심리치료의 원리를 임상이나 상담 장면을 넘어서 보다 광범위하게 적용하고자 하는 움직임이 일어났는데, 그중 하나가 교육 현장을 대상으로 한 것이다. 예컨대, 펜실베이니아 자아탄력성 프로그램(Penn Resiliency Program, PRP)은 긍정 심리치료의 원리에 기반을 둔 교육을 통해서 청소년기 학생들의 일상적인 문제 해결 능력을 높이려는 목적으로 개발되었다(Seligman, 2011).

Seligman(2011)에 따르면, 지난 20년 동안 이루어진 PRP를 평가한 연구 중에서 통제 집단과의 비교를 통해 효과를 검증한 연구는 21개에 달한다. 이 중 다수의 연구에서 무선 할당 및 통제 집단 연구법을 사용했다. 이 연구들의 참여자들은 3천 명 이상의 아동과 청소년(8~21세)이었고, 인종(백인/흑인), 지역사회(도시/교외/시골), 사회경제계층(부유층/빈민층), 민족, 국적(미국, 영국, 호주, 중국, 포르투갈 등)에서 다양성을 보여주었다. 이 연구들을 메타 분석한 결과, 통제 집단과 비교했을 때 우울증 예방 효과가 즉각적으로 나타났을 뿐만 아니라 프로그램 종료 후 6개월에서 12개월 사이에도 나타났으며, 이러한 효과가 적어도 2년간 지속되었다(Brunwasser, Gillham, & Kim, 2009). 이러한 연구들에서 PRP는 낙관주의를 향상시키고 웰빙을 증가시켰으며 무기력을 감소시켰다. 아울러 불안 감소와 예방의 효과가 있었는데, 그러한 효과는 상당히 높은 수준으로 오랫동안 지속되었다. 또 PRP는 청소년의 비행, 공격성 등의 품행 문제와 관련해서도 높은 효과를 보였다.

일례로 대규모의 PRP가 시행된 지 3년 후에 프로그램에 참여했던 청소년들의 품행 문제에 대해서 부모들이 보고한 바에 따르면 PRP는 상당한 효과를 나타냈다(Cutuli, Chaplin, Gilham, Reivich, & Seligman, 2006).

또 Seligman과 그의 동료들(2009)은 더 종합적인 형태의 긍정심리 기반 교육과정을 소개했는데, 긍정적 정서의 증진과 부정적 정서의 감소는 물론 성격 강점, 관계, 삶의 의미 구축까지 다루고 있다. 그들은 고등학생을 대상으로 **긍정심리 기반 교육 프로그램**을 적용하여 대규모 무선 할당과 통제 집단 평가 연구를 수행하였다. 연구 결과를 보면, 긍정심리 기반 교육 과정은 세 가지 성격 강점, 즉 호기심, 학구열, 창의성을 향상시켰다. 또 교사와 어머니 양측의 보고서 평가에 따르면, 긍정심리 기반 교육 프로그램은 참여 고등학생들의 사회적 기술, 즉 협동, 자기 주장, 자기 통제, 연민의 사회적 기술을 향상시켰다.

청소년 교육 현장에서 긍정심리 상담 및 치료의 원리를 적용한 또 다른 예로는 2008년부터 시작된 질롱 그래머스쿨(Geelong Grammar School) 프로젝트를 들 수 있다(Seligman, 2011). 질롱 그래머스쿨은 학생들의 웰빙을 위해서 웰빙 교육 과정을 설계하였다. 여기서는 먼저 교사들이 긍정심리학 기술을 자신의 삶에서 사용하는 것을 배운 다음에 그것을 학생들에게 가르치는 법을 훈련받는다.

Seligman(2011)에 따르면, 이러한 교육과정은 근본적으로 **가르치기, 응용하기, 실천하기**로 나뉜다. 긍정 교육 가르치기에서는 긍정심리학의 요소들, 즉 긍정적 관계 및 긍정적 정서, 자아탄력성, 감사, 강점, 의미, 몰입을 가르친다. 첫 번째 수업에서 학생들은 성격 강점 검사를 받는데 이 프로그램은 학생들이 일상생활에서 긍정 정서를 더 많이 경험할 수 있도록 하는 법에 초점을 맞추어 진행된다. 그 과정에서 특히 자아탄력성이 강조된다. 둘째로 긍정교육 응용과정에서는 교사들이 긍정 교육을 교과목 수업, 목회 상담, 체육 활동, 음악, 예배에 포함시킨다. 예를 들어, 체육 활동도 성격 강점 연습을 해 볼 수 있는 기회가 된다. 경기를 할 경우에 학생들은 성격 강점의 관점에서 그 경기의 성공적인 점과 어려운 점을 재검토해 본다. 마지막으로 긍정 교육 실천하기에서는 긍정 교육에서 배운 내용들을 삶에서 실천하고 적용하게 된다.

② 국내에서의 긍정심리 프로그램 효과검증 연구

최근까지 긍정심리 프로그램과 관련된 연구들은 주로 미국에서 활발하게 진행되어 왔다. 국내의 경우, 미흡하기는 하지만 그래도 최근 여러 연구들이 보고되면서 뚜렷한 증가 추세를 보이고 있다. 국내 긍정심리 프로그램 연구들은 대체로 Seligman과 그의 동료들(2006)의 긍정심리 프로그램을 기반으로 하는 한편 연구자가 연구 대상이나 내용에 따른 수정을 가한 프로그램을 사용하였다.

먼저 초등학생을 대상으로 한 연구를 살펴보면, 우선 손희정(2012)의 연구에서는 긍정심리 집단 상담이 초등학생들의 학업 성취도와 자기 주도적 학습 능력에서 유의미한 긍정적인 향상 효과를 나타났다. 김태승(2011)은 긍정심리 프로그램을 실험 집단과 통제 집단으로 나누어 진행했는데, 다른 집단에 비해 긍정심리 프로그램에 참여했던 초등학생에게서 시험불안의 감소와 학습동기의 향상이 유의하게 나타났다. 초등학교 4학년을 대상으로 한 고영미(2010)의 연구에서는 프로그램에 참여한 아동들의 행복감이 유의하게 상승된 것으로 나타났다.

중·고등학생을 대상으로 한 연구를 살펴보면, 중학교 3학년을 대상으로 한 이성훈(2010)의 연구에서는 집단 긍정심리 프로그램에 참여한 중학생들의 심리적 안녕감, 자아탄력성, 학교생활 적응력이 유의하게 증가한 것으로 보고되었다. 전문계고 2학년을 대상으로 한 백순복(2010)의 연구에서는 긍정심리 집단 상담을 하나의 통제 집단과 3개의 실험 집단에게 실시하여 긍정심리 집단상담의 효과를 검증하였다. 연구 결과, 긍정심리 집단상담은 전문계고 학생들의 긍정심리 특성과 자아탄력성, 학교생활 적응력, 사회적 관계능력을 증진시켜 주는 것으로 나타났다. 특히 이러한 효과는 프로그램 종료 후 3개월이 지나 재검사를 실시했을 때도 여전히 유지되었다. 일반 학생들을 대상으로 한 앞선 연구들과는 달리, 유은영(2010)은 우울증 척도 실시 결과 우울점수가 절단점(16점) 이상이면서 행복감이 15점 이하로 비교적 낮은 고등학생들에게 긍정심리 상담 및 치료 프로그램을 실시하였다. 프로그램이 종결된 후에 참여 고등학생들의 행복감, 낙관성, 무망감, 우울에 미치는 효과를 검증하였다. 연구 결과, 행복감과 낙관성이 유의하게 향상되었으며 6주 후 추적검사에서도 행복감의 향상은 유지되는 것으로 나타났다. 이런 점에서, 긍정심리 상담 및 심리치료 프로그램은 청소년이 개인적인 또는 사회적인 환경의 변화 때문에 위기에 처하게 될지라도 긍정 정서를 확장시키고 청소년 스스로가 적절하게 대처할 수 있는 역량을 기르도록 해 줄 것으로 기대된다.

한편 국내에서는 긍정심리 상담 및 치료뿐만 아니라 긍정심리학적 개입의 일환으로 낙관성 향상 프로그램에 대한 효과 검증도 이루어지고 있다. **낙관성**이란 역경에 부딪혔을 때에도 포기하지 않고 이를 극복해 나아갈 수 있도록 하는 힘의 원천을 말한다(Peterson, 2000). 긍정심리학에서는 낙관성을 인간이 지닌 심리적 자원의 핵심적 요소 중 하나로 다루고 있다. 낙관성 향상 프로그램의 효과를 검증한 연구는 주로 초등학생을 대상으로 이루어졌으나(예컨대, 김순복, 2007), 일부 청소년을 대상으로 한 연구(예컨대, 장옥란)도 보고되었다.

초등학생의 경우, 낙관성 향상 프로그램을 통해 낙관성 향상뿐만 아니라 자아개념(신성해, 2003), 자아탄력성과 학교생활 만족도(김순복, 2007), 주관적 안녕감과 스트레스 대처능력(정영애, 2010), 교우관계(김재희, 2010), 또래 간 갈등해결전략(이재숙, 2011) 등에서도 유의미한 향상을 보였다. 중학생의 경우, 장옥란(2006)의 연구에서 낙관적 성향과 대인관계 능력, 학교적응 유연성이 향상되는 것으로 나타났다. 특히 여중생의 경우, 낙관성은 물론 심리적 안녕감 수준도 크게 향상되었다. 전문계 고등학생의 경우에는 낙관성 향상 프로그램의 실시 결과, 낙관성과 대인관계에서 유의한 향상이 나타났다(최우경, 2009).

아울러 긍정심리 프로그램의 일환으로 성격 강점 중 하나인 용서와 감사 프로그램을 개발하고 효과를 검증하는 연구들도 이루어지고 있다. 용서 프로그램의 경우, 초등학생을 대상으로 실시했을 때 정서적, 인지적, 행동적 그리고 전체 용서 수준과 교우관계가 유의미하게 향상되었고(장선숙, 김향숙, 홍상황, 2005), 사회적 자존감은 증가한 반면 우울증의 하위요인 중 생리증상은 감소했으며(이범수, 2009), 보복심리 수준도 감소되었다(김철환, 이영만, 김민정, 2008). 감사 프로그램의 경우, 중학생을 대상으로 실시한 결과 주관적 안녕감이 증가한 반면 부정적 정서는 감소하였고(신현숙, 2009), 자아존중감과 행복감이 향상되었다(김망규, 2011).

이상의 연구들은 긍정심리 프로그램이 참여자들의 행복감 증진과 더불어 우울증상의 감소에도 긍정적인 영향을 미친다는 점을 보여준다. 또 긍정심리 프로그램은 낙관성과 같은 다양한 성격 강점도 함께 증진시켜 주는 것으로 나타났다. 이러한 결과는 긍정심리 프로그램이 행복감의 증가와 더불어 다양한 강점을 육성해 줌으로써 참여자들의 정신건강 교양을 증진하는 데 기여할 수 있음을 시사한다.

4. 멘탈 휘트니스 프로그램의 개념과 기법

1) 멘탈 휘트니스 프로그램과 암묵적 지식

멘탈 휘트니스 긍정심리 프로그램(고영건, 김진영, 2012)은 정신건강 교양의 증진을 위한 행복 프로그램의 하나다. 멘탈 휘트니스 긍정심리 프로그램에서는 실제로 행복에 기여할 수 있는 심리학적 기술로서의 **암묵적 지식**(tacit knowledge)을 주로 다루게 된다. 일반적으로 지식은 **형식적 지식**(codified knowledge)과 암묵적 지식으로 분류할 수 있다(Sternberg, 2007). 형식적 지식에는 일반적으로 '일반적 지식(know-what)'과 '원리에 관한 지식(know-why)'이 포함된다. 이러한 형식적 지식에서는 객관적 사실에 기초한 정보에 초점을 맞추게 된다. 이러한 형식적 지식은 주로 언어적인 체계를 통해 전달된다. 반면에 암묵적 지식은 주로 '방법에 관한 지식(know-how)'과 '전문가에 관한 지식(know-who)'을 포함한다. 친교 기술 등과 같이 쉽게 형식화할 수 없는 '노하우'는 주로 사회적인 상황에서의 교류를 통해 습득되는 지식을 말한다. 또 사회적인 문제 상황에서 누구에게 도움을 청해야 하고 또 자신이 어떤 사람들의 사회적 지지를 받을 수 있는지에 대한 정보 역시 사회적인 상호작용 과정에서 습득되는 것이 일반적이다. 바로 멘탈 휘트니스 프로그램에서는 이처럼 언어적으로 전달하는 것이 불가능하거나 그만큼 어려운 행복 관련 암묵적인 지식을 사람들에게 전달하게 된다(김진영, 고영건, 2009).

행복과 관련된 암묵적인 지식의 예를 살펴보도록 하자. Kahneman(2011)은 대학생을 대상으로 진행된 기분에 관한 실험을 진행하였다. 이 실험은 행복감 수준을 평가하는 작업이 겉으로 보이는 것보다 훨씬 더 복잡한 사고 과정을 요구한다는 점을 보여준다. 그 실험에서는 대학생에게 다음의 두 가지 질문을 했다.

- 요즘 당신은 얼마나 행복합니까?
- 지난 달 데이트 횟수는 얼마나 됩니까?

일반적인 예측으로는 데이트 횟수가 더 많은 학생이 적은 학생보다 상대적으로 더 행복할 것으로 보인다. 하지만 놀랍게도 결과는 그렇지 않은 것으로 나타났다. 두 질문에 대한 응답 내용 간 상관은 거의 0에 가까웠다. 하지만 똑같은 질문의 순서를 다음과 같이 바꾸자 극적인 변화가 나타났다. 이 경우에는 데이트 횟수와 행복도가 높은 상관을 보였다.

- 지난 달 데이트 횟수는 얼마나 됩니까?
- 요즘 당신은 얼마나 행복합니까?

첫 번째 질문 세트에 응답한 대학생들은 행복도를 평가할 때 데이트 대신 다른 기준을 사용했다. 반면에 두 번째 질문 세트에 응답한 대학생들은 자동적으로 사랑하면서 살아가는 생활이 얼마나 행복한지를 염두에 두면서 자신의 행복도를 평가했다. 이처럼 행복의 경험을 객관적으로 평가하는 과제는 겉으로 보이는 것보다 고차적인 사고 과정을 요구한다.

2) 멘탈 휘트니스 프로그램과 다른 행복 프로그램의 차이

(1) 슬라우 행복 프로그램

2000년 이후로 긍정심리학이 전 세계적으로 선풍적인 인기를 끌었다. 그 결과, 대단히 많은 심리학적 개입 프로그램이 '긍정심리학'이라는 타이틀로 소개되었다. 이러한 긍정심리 프로그램의 대표적인 예 중 하나가 바로 영국 BBC 방송국의 행복 프로그램이다.

2005년 BBC 방송국은 행복 관련 다큐멘터리의 제작을 위해, 심리학자, 경영컨설턴트, 자기계발 전문가, 사회사업가 등 6인이 주축이 되어 영국의 중소 도시 슬라우(Slough) 지역에서 '행복위원회'를 결성하여 프로젝트를 진행한 적이 있다. 슬라우 지역에서 이 도시 규모의 행복 프로젝트를 진행하는 과정에서 BBC 행복위원회 위원들은 '행복헌장'을 제작하였다. 이 행복헌장에는 고대 플라톤의 행복론에서부터 현대의 긍정심리학에 이르기까지 인류의 행복 관련 지식을 망라하는 열 가지 행복수칙이 들어 있었다. 그 후 행복위원회는 슬라우 시민들 중 실험 참가자를 받았다. 프로젝트 참여자들이 해야 할 일은 3개월 동안 단지 '행복헌장'의 내용을 충실하게 실천하는 것이었다.

그 결과는 매우 놀라운 것이었다. 3개월간 행복 프로젝트에 참여했던 슬라우 주민들은 너나할 것 없이 행복헌장을 실천하면서 높은 수준의 행복감을 경험할 수 있었다고 보고하였다. 실제로 슬라우 주민들의 행복지수는 프로그램에 참여하기 전에 비해 평균 33% 상승했다. 슬라우 행복 프로젝트는 처음에 회의적인 태도를 보이던 주민들의 생각까지도 180도로 바꾸어 놓았다. 한 주민은 행복 프로젝트에 참여했던 소감을 다음과 같이 피력하기도 하였다.

> "저는 이 프로젝트가 온종일 심리학 용어나 남발하다가 끝날 거라고 생각했죠. 하지만 이 프로그램에는 심리학 이상의 그 무엇이 있어요… 최고 전문가와 심리학자들의 길안내를 받으며 행복을 찾는 흥미진진한 여행을 했으니 우리 슬라우 주민들은 정말 운이 좋은 거예요(Hoggard, 2007, p. 13)."

슬라우 행복위원회에 따르면, 남녀노소와 국적, 인종을 불문하고 행복헌장은 주민들의 행복감을 증진시키는 데 분명한 효과를 나타냈다. 이 프로젝트의 전 과정은 영국 BBC방송에 의해 다큐멘터리로 방영돼 큰 화제를 불러일으켰다.

슬라우 행복위원회는 행복이 마치 바이올린 연주처럼 일부러 익혀야 하는 기술이라고 주장하였다. 그들에 따르면, 행복은 연습할수록 느는 삶의 습관에 해당된다. 행복위원회가 제시한 행복수칙 열 가지가 표 4-2에 제시되어 있다.

아마도 어떤 이는 슬라우 행복위원회의 행복헌장 열 가지를 살펴보고 나서 그 내용이 너무나 상식적이라서 특별할 것이 없다는 인상을 받을 수도 있을 것이다. 하지만 행복헌장 열 가지를 꾸준히 실천하는 것은 겉으로 보이는 것만큼 간단한 일이 아니다. 그렇기 때문에 행복의 딜레마가 보여주는 것처럼, 모든 사람들이 행복해지기를 원하지만 실제로 행복감을 경험하는 사람들은 드문 것이다.

흥미롭게도 BBC 방송국의 행복 프로그램의 문제점은 그 내용이 쉽다는 데 있지 않다. 오히려 그 프로그램의 내용은 날마다 실천하기가 너무나 어렵다는 데 있다. 그 대표적인 예가 잠들기 전에 감사해야 할 일 다섯 가지를 생각하는 것이다. 만약 누군가 하루에 다섯 가지씩 매일 반복해서 이 과제를 수행할 수만 있다면, 그 사람은 행복해지는 데 큰 도움을 받게 될 것이다. 문제는 인간은 기계가 아니가 때문에 사실상 처음에 이 작업을 통해 어느 정도 행복감이 증진되는 효과를 본 사람조차도, 시간이 지나면 점차 이 과제를 소홀히 하게 된다는 데 있다.

많은 심리학 실험은 사람들이 자제력과 같은 심리적인 자원이 고갈되는 것에 얼마나 취약하며 그것이 얼마나 부정적인 영향을 주는지를 잘 보여준다. 예를 들면, Heath와 Heath(2010)는 이러한 현상을 휘트니스 클럽에서 벤치 프레스(벤치에 누워 역기를 들어 올리는 것)를 하는 상황을 예로 들어 설명하였다. 그들에 따르면, 사람들은 처음에는 벤치 프레스를 들어 올리는 것을 손쉽게 해낸다. 근육이 아직 신선한 활

표 4-2 슬라우 행복 10계명

1. 운동을 하라.
2. 잠들기 전에 좋았던 일들을 떠올려라 : 특히 그날 중 당신이 감사해야 할 일 다섯 가지를 생각하라.
3. 대화를 나누어라 : 매주 온전히 1시간은 가족이나 친한 친구들과 대화를 나눠라.
4. 애완동물이나 식물을 가꾸어라 : 아주 작은 화분 또는 동물이라도 좋다.
5. TV 시청 시간을 반으로 줄여라.
6. 미소를 지어라 : 적어도 하루에 한 번은 낯선 사람에게도 미소를 짓거나 인사를 하라.
7. 친구에게 전화하라 : 오랫동안 소원했던 친구나 지인들에게 지금 당장 연락하라.
8. 하루에 한 번씩 유쾌하게 웃어라 : 웃음은 행복의 묘약이다.
9. 매일 자신에게 작은 선물을 하라 : 자신의 선물을 온전히 즐길 수 있는 시간을 확보하라.
10. 매일 누군가에게 친절을 베풀어라.

력을 유지하고 있기 때문이다. 하지만 횟수를 거듭할수록 근육은 피로해지고 결국 더 이상 역기를 들어 올리지 못하게 된다.

(2) 행복한 호주 만들기 프로그램

슬라우 행복 프로그램과 유사한 예로는 '행복한 호주 만들기(Making Australia Happy, 이하 MAH)' 프로젝트(Grant & Leigh, 2010)를 들 수 있다. 2010년에 호주의 ABC TV에서는 흥미로운 리얼 다큐멘터리를 방영한 적이 있다. 이 방송이 방영될 때 무려 120만 명의 호주인이 MAH 프로젝트에서 제시한 행복의 기술들을 실천할 만큼 선풍적인 인기를 끌었다. 이 프로젝트의 주요 목적은 긍정심리학에서 제시하는 행복의 기술이 얼마나 과학적으로 효과가 있는지를 검증하는 것이었다.

　MAH 프로젝트에 참여했던 제작진들은 다소 인위적이고 제한된 표본을 대상으로 연구를 진행하는 학술논문에서 효과가 있다고 보고하는 것과 정글과도 같은 복잡한 도심 속 삶에서 치열한 경쟁으로 인해 스트레스를 받으며 정신없이 살아가는 사람들에게 실제로 효과를 나타내는 것은 분명 차원이 다른 문제라고 보았다. MAH 제작진들은 학술논문의 맥락에서는 효과를 인정받을지라도 사회를 변화시키는 데는 거의 기여하지 못하는 수많은 학술논문과는 달리, 만약 MAH 프로젝트가 성공적으로 진행된다면, 그러한 시도는 사회를 바꾸고 세상을 바꾸는 데 기여할 수 있다고 믿었다.

　이러한 맥락에서 MAH 제작진은 심리학 실험을 위한 본거지로 시드니 서부 중심가의 매릭빌을 선택했다. 이렇게 한 이유는 호주 전국을 대상으로 행복도를 조사한 결과 이 지역의 행복도 수준이 가장 낮은 것으로 나타났기 때문이다. 제작진은 만약 이 지역에서 MAH 프로젝트가 성공한다면, 호주의 어느 지역에서도 통할 수 있다고 믿었다.

MAH 제작진은 매릭빌에서 연령과 성별 그리고 직업 등 삶의 다양한 조건에서 차이를 보이는 8명의 참가자들을 선발하였다. 이들이 MAH 프로젝트에 참여한 동기는 자신들의 삶이 변화하기를 원했기 때문이었다. 이들은 모두 행복도 면에서 호주인의 평균적인 행복도에 크게 못 미치는 사람들이었다. 행복도의 만점을 100점으로 잡았을 때 호주인의 평균 행복도는 70점 이상이었던 반면에 이들의 평균 행복도는 약 48점 수준이었다. 하지만 MAH 프로젝트에 참여한 지 8주가 지났을 때 이들의 평균 행복도는 약 84점 수준으로 크게 증가하였다. MAH 프로젝트 참가자들은 단순히 주관적으로 보고하는 행복도 수준뿐만 아니라 행복과 관계된 다양한 생리적인 변화를 함께 보였다. 혈압 저하, 스트레스 수준의 감소를 의미하는 코르티솔 수준의 하락, 면역력을 높이는 멜라토닌의 상승, 약물을 복용하지 않은 상태에서의 콜레스테롤 수치 하락, 그리고 자기 뇌도 측정법(Magnetoencephalography: MEG)에서의 뇌 신경활동 감소('평화로운 뇌'와 연관) 등이 그 예이다.

표 4-3에는 MAH 프로젝트에서 참가자들의 행복도를 높이기 위해 사용한 방법들이 제시되어 있다. 이러한 방법들은 주로 긍정심리학에

표 4-3 MAH 프로젝트에서 사용된 행복의 여덟 가지 기술

1. 목표와 가치를 찾기
2. 조건 없이 친절 베풀기
3. 마음 챙김(명상)을 생활화하기
4. 강점과 해결책에 집중하기
5. 감사를 느끼고 표현하기
6. 진심으로 용서하기
7. 사회 연결망으로 사람들과 연결되기
8. 변화를 위한 노력 과정들을 되돌아보고 평가한 후 다시 시작하기

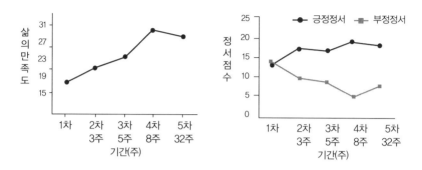

그림 4-4 ▶ MAH 프로젝트 참여자들의 행복도 및 정서경험 변화

서 행복도를 증진하는 데 효과가 있다고 알려진 내용들이었다.

지금까지 살펴본 것처럼 기본적으로 MAH 프로젝트는 매우 의미 있는 사회실험 중 하나라고 평가할 수 있다. 하지만 지금까지의 결과만을 가지고 속단하는 것은 경계할 필요가 있다. 인생의 문제에 대해서는 장기적인 조망을 하는 것이 중요하기 때문이다.

그림 4-4에는 MAH 프로젝트 참여자들의 행복도 및 정서경험 변화 양상(Grant, 2011)이 제시되어 있다. 그림에서 주목해야 할 부분은 MAH 프로젝트가 종결된 시점인 8주 차 때의 4차 평가 내용과 MAH 프로젝트 시작 후 32주가 지났을 때의 추수 평가(5차) 내용 간 차이이다. 전체적으로 행복도와 긍정정서는 4차 때에 비해 5차 때 약간 하락한 것으로 나타났다. 문제는 부정정서(스트레스)를 경험하는 수준의 경우, MAH 프로젝트가 시작된 지 32주가 지났을 때 5주가 지난 시점에 진행된 3차 평가 결과 수준에 근접해가는 양상을 보였다는 점이다.

MAH 프로젝트 효과의 유의성을 평가할 때는 '행복 설정값(happiness set point)'의 문제를 함께 고려할 필요가 있다. 행복 설정값은 한 사람이 경험하는 행복도가 마치 IQ처럼 일정 구간(범위)의 형태로 고정되어 있음을 지칭할 때 사용되는 용어이다(Peterson, 2006). 쌍생아를 대상으로 한 연구 결과는 개인의 행복이 기본적으로 유전의 영향을 받는다는 점을 보여준다. 행복의 영역에서 유전에 따른 설정값의 영향력은 대단히 크다고 할 수 있다.

일례로 암 환자였던 대학생이 암에서 완치되는 경험을 하는 과정에서 경험한 행복도의 변화 양상을 살펴보자(Diener & Biswas-Diener, 2008). 그림 4-5의 그래프에서 암에 걸렸던 대학생이 암 완치 판정을 받은 것은 관찰이 시작된 이후로 38일째 되던 날이었다. 그림 4-5는 이때 대학생의 기분이 평가 기간 내에서 최고치를 기록하는 것을 보여준다. 하지만 놀랍게도 이 대학생의 기분은 40여 일만에 일상 수준으로 되돌아갔다. 이와 같은 행복 설정값의 효과는 노벨상을 수상하거나 결혼하고 이혼하는 것과 같은 삶의 중요한 사건들 대부분에 대해서도 마찬가지로 적용될 수 있다(Diener & Biswas-Diener, 2008).

MAH 프로젝트 효과 역시 행복 설정값의 영향력으로부터 자유로워

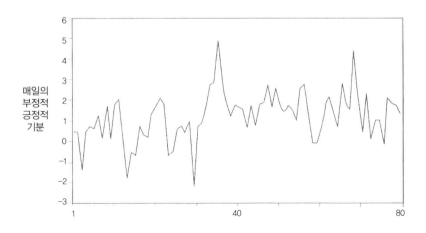

그림 4-5 ▶ 암에서 회복된 대학생의 기분변화

지기는 어렵다. 왜냐하면 MAH 프로젝트가 제아무리 참여자들의 행복감을 증진시키는 데 크게 기여했다 할지라도, 암 환자가 암 완치 판정을 받는 것 혹은 노벨상을 수상하는 것 이상의 행복감을 선사해 주었다고 주장하기는 현실적으로 어려워 보이기 때문이다(단, 그러한 가능성이 0%라는 의미는 아니다).

　비록 MAH 프로젝트 자체가 갖는 사회적 가치에 대해서 폄하할 필요가 없을지라도, 그러한 프로젝트의 가치를 과대포장하거나 그러한 프로젝트의 잠재적인 한계에 대해서 간과하는 것은 또 다른 문제를 낳을 수 있다. 엄격하게 평가한다면, MAH 프로젝트의 실제 참여자는 8명일뿐이다. 또 그림 4-4가 시사하는 것처럼, MAH 프로젝트에서 진행된 8주간의 실험 결과 역시 행복 설정값의 영향력으로부터 자유롭다고 평가하기는 어려워 보인다. 다시 말해서 보다 더 장기적인 조망을 할 경우 MAH 프로젝트 참여자들의 행복도 역시 점진적으로 줄어들게 될 가능성이 있다는 점이다.

　또 그림 4-4의 결과는 데이트 횟수와 행복도 간 실험 내용을 상기시켜 준다. MAH 프로젝트가 진행되는 동안 참여자들은 주로 자신이 참여하고 있는 행복 프로젝트의 내용을 머리에 떠올린 상태에서 그것을 기준점으로 삼아 자신의 행복도를 평가했을 수 있다. 반면에 32주가 지난 시점에서는 행복도를 평가할 때 참여자들이 상대적으로 MAH 프로젝트 활동 이외의 일상적인 사건들을 더 많이 참조했을 가능성이 있다.

　이런 점들을 고려해 볼 때, MAH 프로젝트의 가치를 객관적으로 살펴보기 위해서는 표 4-3에 제시된 MAH 프로젝트에서 사용된 행복의 여덟 가지 기술들에 관해 냉정하게 재검토해 볼 필요가 있어 보인다.

표 4-3에 제시된 행복의 기술들은 구체적으로 참여자들의 어떤 특성을 변화시켰다고 할 수 있을까? 이러한 의문을 해결하기 위해서는 추가적으로 다음의 질문들을 검토해 볼 필요가 있다.

- 과연 그 여덟 가지 행복의 기술들은 삶에서 필요로 하는 주요한 행복의 기술들을 포괄하고 있다고 말할 수 있을까?
- 과연 그 여덟 가지 행복의 기술들은 삶에서 장기간 지속되는 형태의 안정적인 변화를 이끌어내는 데 효과적인 도구라고 평가할 수 있을까? 마찬가지 맥락에서, MAH 프로젝트에서 관찰된 참여자들의 긍정 및 부정 정서 수준, 혈압 저하, 코르티솔 수준 하락, 멜라토닌의 상승, 콜레스테롤 수치 하락, 그리고 MEG에서의 뇌 신경활동 감소 등은 시간적으로 변화무쌍한 특성에 속하는가 아니면 안정적인 특성에 해당되는가?
- 과연 그 여덟 가지 행복의 기술들은 참여자들이 잘 몰랐던 새로운 기술들을 전수해 준 것인가 아니면 MAH 프로젝트는 참여자들이 이미 어느 정도 알고는 있었지만 삶에서 실제로는 활용하지 않던 것들을 실행에 옮길 수 있도록 해 주는 일종의 '강화물' 역할을 한 것인가? 만약 MAH 프로젝트가 참여자들에게 새로운 기술을 전수해 준 것이라기보다는 제작진과 시청자의 사회적 관심 같은 강화물을 제공해 준 것에 가깝다면, 그 프로젝트가 종결되는 시점부터 그러한 강화물 역시 사라지기 때문에 효과도 점차 약해질 것이다. 그림 4-4가 보여주는 것처럼, MAH 프로젝트 참여자들의 부정정서(스트레스)는 프로젝트가 시작된 지 32주가 지났을 때, 5주가 지난 시점에 진행된 3차 평가 결과와 유사한 것으로 나타났다.

이러한 결과는 MAH 프로젝트의 효과가 그다지 안정적이지 않을 수 있을 가능성을 시사한다.

이상의 논의 내용들은 우리가 행복의 문제를 다룰 때는 일상적인 사고 수준보다는 조금 더 정교한 시각으로 바라볼 필요가 있다는 점을 잘 보여준다. 이런 점에서 행복의 기술에서 핵심 요소 중 하나는 바로 '**행복 메타인지**(meta-cognition)'라고 할 수 있다.

(3) 행복 메타인지

메타인지는 '생각에 대한 생각'으로서 자신의 생각을 관리하는 능력을 말한다(Klein, 2004). 이러한 메타인지는 행복한 성공을 위한 심리학적 기술에서 핵심 요소 중 하나이다. 이런 점에서 행복 메타인지는 자신이 행복에 관해 가지고 있는 생각들을 모니터링 하는 일종의 '마음의 눈'이라고 할 수 있다.

행복 메타인지의 대표적인 예로는 현재 자신이 행복한 상태에 있는지 여부를 자신의 주관적인 판단이 아니라, 외적인 행동에 기초한 객관적 준거에 기초해 판단 내릴 줄 아는 노하우를 들 수 있다. 이런 점에서 단순히 데이트 횟수에 관해 머릿속으로 떠올리는지 여부에 따라, 행복도에 대한 평가가 달라지는 것은 바로 이러한 노하우가 갖추어지지 않았을 때 발생하는 문제라고 할 수 있다.

Wirtz, Kruger, Scollon 및 Diener(2003)는 대학생들에게 일기를 쓰면서 봄방학 동안 겪었던 경험을 매일 평가하도록 요청했다. 방학이 끝났을 때는 전체적인 총평을 했다. 연구 결과, 휴가 점수는 일기에 묘사된 경험을 정확히 반영하지 못하는 것으로 나타났다. 이때 경험 효용

(experienced utility)은 두 가지 접근을 통해 평가될 수 있다. 첫 번째는 기억에 기반한 접근으로서 과거 사건에 대한 회고적 평가이며, 두 번째는 순간의 경험에 기반한 접근으로서 그 사건 동안 주관적으로 경험하는 쾌락과 고통에 대한 실시간 측정치로부터 도출된다(Kahneman, 2000). Kahneman(2011)은 이를 **기억자아**(remembering self)와 **경험자아**(experiencing self)라고 명명하였다. 기억자아는 "전체적으로 어땠는가?"라는 질문에 대답하는 자아이고, 경험자아는 "지금 어떤가?"라는 질문에 대답하는 자아이다. 즉 기억 자아의 관점에서는 전형성이 전체를 대체하며, 경험자아의 입장에서는 실제 경험의 총합이 중요하다.

행복 메타인지의 문제는 Kahneman(2011)이 기억 자아와 경험자아를 대비시켰던 방식으로도 설명해 볼 수 있다. 여행 사진은 마치 휴가와 여행의 목적이 그것이기라도 한 것처럼 사람들에게 중요한 의미를 갖는다. 여행사진을 들춰보는 일은 드물고 심지어 전혀 안 볼 때도 있지만 사진은 특히 기억 자아에게 매우 유용하다. 하지만 경험자아에게는 그렇지 않다(Kahneman, 2011).

Redelmeier와 Kahneman(1996)의 대장내시경 체감 연구 결과는 두 자아의 차이를 잘 보여준다. 연구에 참여한 환자들은 60초마다 대장내시경 검사 시의 고통 정도를 보고하였다. 0은 '전혀 고통 없음'을, 그리고 10은 '고통스러워 참을 수 없음'을 뜻했다. 대장내시경 검사를 받는 동안 환자들이 체감하는 고통은 각기 달랐다. 이 실험에는 총 154명의 환자가 참가했고 가장 짧게는 4분 그리고 가장 길게는 69분이 걸렸다. 경험자아가 느낀 고통은 실시간 측정치의 총합으로 표현되며 이 자료는 정규 곡선의 분포를 나타냈다.

대조적으로 기억자아가 평가한 '전체 고통 수준'에 있어서는 두 가지 특징적인 패턴이 나타났다. 첫 번째는 '**절정과 종결 법칙**(peak-end rule)'이며, 두 번째는 '**지속시간 무시**(duration neglect)'의 규칙이다. 즉 대장내시경 검사에 대한 전체 고통 수준은 대장내시경 최악의 순간과 마지막에 보고된 고통 수준의 평균으로 예측 가능했으며, 대장내시경 검사의 지속 시간은 환자가 평가한 전체 고통 수준에 별다른 영향을 주지 않았다. 따라서 기억자아의 경우, 지속 시간에는 둔감하며 다른 순간보다 두 가지 대표적 순간인 절정과 종결에 가중치를 두는 경향이 있다.

Kahneman, Fredrickson, Schreiber 및 Redelmeier(1993)의 '찬물에 손 넣기 실험' 또한 기억자아와 경험자아 간의 차이를 잘 보여준다. 실험 절차는 다음과 같다. 참여자들은 손을 빼도 된다는 지시를 받기 전까지 찬물에 한쪽 손의 손목까지 담그라는 지시를 받는다. 참여자들은 다른 한 손으로 자신이 느끼는 고통을 계속 기록하기 위해 키보드를 움직였다. 이것은 경험자아가 내보내는 직접적 신호라고 할 수 있다.

찬물의 온도는 참을 수는 있지만 충분한 고통을 유발하는 수준이었다. 참여자들은 두 차례에 걸쳐 찬물에 손 넣기 실험을 했다. 상대적으로 짧은 실험은 고통스러울 만큼 차갑지만 참지 못할 정도는 아닌 온도인 14도의 물에 손을 1분간 담그고 있는 것이었다. 1분이 지난 후에는 피험자들에게 손을 빼라는 지시가 주어졌으며 따뜻한 수건이 제공되었다. 반면에 상대적으로 긴 실험은 1분 30초간 진행되었다. 처음 1분 동안은 짧은 실험과 똑같았다. 단 실험자는 1분이 지나더라도 아무런 지시가 주어지지 않았다. 대신에 물통에 약간 따뜻한 물이 흘러들어가도록 수도 밸브를 열어주었다. 추가된 30초 동안 수온은 약 1도 올랐는데, 이 정도 변화만으로도 대부분의 피험자는 고통의 강도가 조금 줄었다는 것을 감지할 수 있었다.

두 실험은 7분의 간격을 두고 진행되었으며 두 번째 실험이 끝난 후 7분 뒤에 피험자들에게는 세 번째 실험에 대한 선택권이 주어졌다. 경험자아의 관점에서 보면 긴 실험이 분명히 더 고통스러운 경험에 해당된다. 하지만 연구자들은 기억자아는 그와 다른 견해를 나타낼 것이라고 예상했다. 절정과 종결 법칙에 따르면, 긴 실험보다는 짧은 실험의 기억이 더 나쁠 것으로 예상된다. 그리고 지속 시간 무시 규칙에 따르면, 기억자아는 90초와 60초라는 고통의 지속시간상의 차이는 무시할 것으로 예상되었다.

연구자들의 예상대로, 긴 실험의 마지막 단계에서 고통이 줄었다고 말한 피험자 중 80%는 추가 실험에서 짧은 실험 대신 긴 실험을 선택함으로써 30초간의 불필요한 고통을 추가로 겪겠다는 뜻을 나타냈다.

기억자아와 경험자아 간의 이러한 차이는 사회적 통념과 반대되는 연구 결과에서도 확인할 수 있다. Juster(1985)가 미국인들을 대상으로 실시한 설문조사 연구에 따르면, 28개의 활동에 대해 '매우 싫어한다(0)'부터 '매우 좋아한다(10)'까지 평정하도록 한 결과, 자녀들과 함께 시간을 보내는 것이 가장 좋아하는 활동 1~4순위 안에 들어가는 것으로 나타났다. 하지만 Kahneman, Krueger, Schkade, Schwarz 및 Stone(2004)이 미국 직장 여성 1,018명을 대상으로 일상 재구성법에 기초해 조사한 결과에 따르면, 미국 직장 여성들은 일하거나 통근할 때, 집안일을 하거나 자녀를 돌볼 때 가장 덜 즐거워하는 것으로 나타났다. 사람들은 흔히 자녀가 삶의 기쁨이라고 말하지만 실제로 일상 재구성법을 통해 확인해 본 결과로는, 자녀 돌보기가 기쁨의 근원이라기보다는 피곤하고 어려운 일 중 하나인 것으로 나타났다. 연구자들은 이러한 결과가 "나는 내 아이들과 함께 있는 것이 즐거워."라는 신념에 기초한 직감적인 판단과 "하지만 어젯밤 아이들은 골칫덩이였어."라는 특정한 삽화적 보고 간 차이를 반영한다고 설명하였다.

기억자아와 경험자아 간의 차이는 휴가 경험에 대한 보고에서도 관찰된다. Mitchell, Thompson, Peterson 및 Cronk(1997)가 휴가 동안 경험한 즐거움에 대해 전향적(prospective) 보고, 실시간(concurrent) 보고, 그리고 회고적(retrospective) 보고를 하도록 한 연구에서 전향적 보고는 회고적 보고와 수렴되는 경향이 나타났다. 하지만 예측된 정서와 기억된 정서는 휴가 동안 실제로 경험한 정서에 비해 더 긍정적인 것으로 나타났다. 또 Wirtz, Kruger, Scollon 및 Diener(2003)가 대학생들을 대상으로 봄방학에 대해 예측된(predicted) 정서, 실제 경험한(concurrent) 정서 그리고 기억하는(remembered) 정서를 비교한 결과, 예측된 정서와 기억하는 정서는 실제로 경험한 정서보다 더 강렬한 것으로 나타났다.

기억자아와 경험자아 간의 차이는 타인의 전체 인생에 대한 평가에서도 나타난다. Diener, Wirtz 및 Oishi(2001)는 '젠'이라는 가공의 미혼여성의 삶을 짤막하게 묘사했다. 결혼한 적이 없었던 젠은 갑작스러운 교통사고로 고통 없이 사망하였다. 첫 번째 이야기에서 젠은 한평생 매우 행복했다. 30년 혹은 60년 동안 행복하게 지낸 그녀는 자신의 일을 즐겼고 충분한 휴가를 누렸으며 친구들과 함께 취미 생활을 즐기며 시간을 보냈다.

두 번째 이야기에서 젠은 수명이 5년 더 늘어났다. 그녀는 35세 혹은 65세에 숨졌다. 늘어난 5년은 물론 즐거웠지만 그 이전의 삶만큼은 아니었다. 도식적으로 만들어진 젠의 생애를 읽은 각 피험자는 다음 두 가지 질문에 대답했다. "젠의 인생을 통틀어 봤을 때 당신은 그녀의 삶이 얼마나 바람직했다고 생각하는가?", "젠이 생존해 있는 동안에 느꼈던 전체 행복이나 불행이 어느 정도라고 평가하겠는가?"

이 연구 결과는 지속 시간 무시 그리고 절정과 종결 법칙의 분명한 증거를 제공해 주었다. 참여자마다 다른 형식의 이야기를 본 이 실험에서 젠의 수명을 2배로 늘려도 그것이 그녀 삶의 바람직성이나 그녀가 경험한 전체 행복감에 의미 있는 영향을 주지 못했다. 특히 참여자들은 약간 행복한 5년이 추가된 것보다 매우 행복한 상태에서 갑자기 사망하는 것이 더 바람직하다고 보고했다. 젠의 수명이 2배로 늘어나는 조건과 약간 행복한 5년을 추가하는 조건에서 전체 행복의 총합은 증가한다. 하지만 이는 경험자아의 관점에서 그런 것일 뿐이다. 기억자아의 지속 시간 무시, 절정과 종결에 대한 과장된 강조가 합쳐지게 되면, 실제의 경험은 왜곡된 형태로 평가된다. 기억자아의 이러한 사고패턴은 너무나도 불합리한 것이라고 할 수 있다.

따라서 기억자아의 관점이 항상 옳은 것은 아니라는 사실을 기억하는 것이 중요하다. 만약 경험자아의 이익을 염두에 둔다면 행복한 삶을 위한 선택의 방향은 달라질 수 있다(Kahneman, 2011). 바로 이러한 목적을 달성하는 데 필요한 것이 행복 메타인지이다.

행복 메타인지는 자신이 행복에 대해서 갖고 있는 생각, 즉 기억자아의 사고에 대한 재평가 과정을 의미한다. 이러한 '생각에 대한 생각'은 우리가 보다 지혜로운 형태의 행복을 추구하는 데 유용한 도움을 줄 수 있다. 그리고 멘탈 휘트니스 프로그램에서는 이러한 행복 메타인지를 훈련한다.

(4) 정신건강 교양 관련 행복 메타인지의 예

전 세계적으로 어느 나라든지 실제로 행복한 상태에 있는 사람들은 소수이다. 예를 들면, 전 세계에서 가장 행복한 나라 중 하나로 손꼽히는 덴마크의 경우에도 행복한 국민의 비율은 약 33%에 불과하다(Huppert & Timothy, 2009). 이러한 결과가 나타나는 근본적인 이유 중 하나는 사람들이 스스로 목표로 삼고 있는 행복한 상태가 과연 어떤 상태를 의미하는 것인지를 이해하고 있지 못하기 때문이다. 목표로 삼고 있는 상태가 어떤 상태인지를 모르는 상태에서 목표를 달성하는 것은 대단히 어려운 일이라고 할 수 있다. 많은 사람들은 이러한 문제와 관련해서 본인 스스로 행복하다고 믿으면 행복한 것으로 인정해 주면 될 것으로 막연하게 믿는 경향이 있다. 하지만 이러한 평가방법으로는 조증 상태에서 365일 내내 스스로 행복하다고 믿는 정신과 환자와 진정으로 행복한 사람을 구분해 주지 못한다. 따라서 현재 자신이 행복한 상태에 있는지 여부를 확인할 줄 아는 것도 행복 관련 암묵적 기술 중 하나이다. 멘탈 휘트니스 프로그램에서는 바로 이러한 문제를 해결하는 노하우를 훈련하게 된다.

멘탈 휘트니스 프로그램에서 행복에 관한 암묵적 지식을 훈련하는 예로는 행복한 삶을 위한 여섯 가지 질문에 답하는 연습을 들 수 있다. 행복한 삶을 위해서는 그림 4-6에 제시된 것과 같은 여섯 가지 질문에 지혜롭게 답하는 것이 중요하다. 왜, 누구와 함께, 언제, 어디서, 무엇을, 어떻게 함으로써 행복해지고자 하는지를 아는 것은 결코 쉬운 일이 아니다. 바로 멘탈 휘트니스 프로그램에서는 상식적인 답변이 아니라 암묵적 지식과 기술을 활용해 이러한 문제들에 답하는 지혜를 배우게 된다.

그림 4-6 ▶ 행복한 삶을 위한 여섯 가지 질문

3) 멘탈 휘트니스의 핵심기법

멘탈 휘트니스 프로그램에서는 행복감 증진을 위해서 정신적 번영 상태에 도달하는 것이 중요하다는 점을 강조한다. 이 글에서는 멘탈 휘트니스 긍정심리 프로그램의 핵심기법(고영건, 김진영, 2012, 2013)을 소개하고자 한다.

(1) 희망과 소망의 차이

멘탈 휘트니스 프로그램에서 가장 강조하는 내용 중 하나는 희망과 소망의 의미를 구분하도록 훈련하는 과정을 들 수 있다. 일반적으로 조증 환자 또는 억압적인 대처를 사용하는 사람들처럼 지나치게 행복하다고 주장하는 사람들이 결과적으로는 불행한 삶을 살게 되는 이유는 삶에서 경험하는 고통의 원인이 자신이 원하는 소망을 이루지 못했기 때문이라고 오해하는 것과 밀접한 관계가 있다. 하지만 인간의 삶에서 중요한 원리 중 하나는 자신이 원하는 것을 달성하지 못했다고 해서 인생이 망가지는 일은 결코 일어나지 않는다는 점이다. 긍정심리학의 관점에서 본다면, 일반적으로 사람들이 긍정적 환상의 세계에 빠져들기 시작하는 것은 바로 사람들이 현실의 삶 속에서 더 이상 희망을 발견하지 못하는 순간부터이다. 이런 점에서 멘탈 휘트니스 프로그램에서 희망과 소망이 서로 다른 것이라는 점을 교육하는 것은 매우 중요하다.

소망은 사람들이 이룰 수 있기를 바라는 것으로서 사람들은 저마다 서로 원하는 것이 다르다. 사실상 삶에서 소망은 이루어지는 것보다는 이루어지지 않는 것이 압도적으로 더 많다고 할 수 있다. 반면에 인간의 삶에서 희망은 단 한 가지 형태로만 존재하는 것이다. 그것은 바로 자신의 삶이 살 만한 가치가 있다고 믿느냐 아니면 살 만한 가치가 없다고 느끼느냐 하는 점이다. 희망을 잃는 순간 인간의 삶은 무너져 내리기 시작한다. 만약 멘탈 휘트니스 프로그램이 사람들의 소망의 문제를 해결하고자 시도한다면 사실상 사람들을 위해서 해 줄 수 있는 일은 거의 존재하지 않을 것이다. 하지만 긍정심리학의 관점에서 본다면 다행스럽게도 사람들은 소망이 좌절된 상황 속에서도 얼마든지 환상이 아닌 현실 속에서 행복을 추구하는 것이 가능하다.

(2) 내 삶의 태그라인(tag line)

일반 사람들이 행복감을 경험하는 데 어려움을 겪는 또 다른 이유 중하나는 자신이 현재 간절히 원하는 것과 미래에 실제로 좋아하게 될 것 간의 차이를 적절하게 인식하지 못하기 때문이다. 다시 말해 미래의 내가 좋아할 것이라는 기대하에서 현재의 나는 무언가를 시도하지만, 결과적으로 '미래의 나'는 이전에 내가 선택했던 것들에 만족하지 못하게 되는 것이다. 이러한 문제는 한 편으로는 '정서적 예측 (emotional forecasting)' 기능과 관계되어 있으며 또 다른 한편으로는 '나'라는 존재를 심리학적으로 인식하는 내성(introspection) 능력 혹은 심리학적 통찰과도 밀접한 관계가 있다. 왜냐하면 원하는 것과 좋아하는 것 간의 차이를 효과적으로 인식하기 위해서는 이 세상 그 누구도 다른 사람은 절대 알려줄 수 없는 물음 "나는 누구인가?"라는 물음에 자문자답을 할 줄 알아야 하기 때문이다.

(3) 도살자 앞의 초원의 양

철학자 쇼펜하우어(Schopenhauer, 1942)는 행복을 추구하는 사람들을 향해 대단히 도발적인 질문을 제기하였다. 그는 행복해지기를 원하는 사람들의 모습을 도살자 앞의 초원의 양으로 비유하였다. 그에 따르면, "우리는 먹이로 삼을 양을 한 마리씩 뽑고 있는 도살자 앞에서 장난치며 뛰노는 초원의 양들과 같다. 그것은 마치 행복한 시절에 우리가 질병, 빈곤, 신체장애, 시각장애, 혹은 정신장애 등을 가져올지도 모르는 운명의 불운함에 대해 의식하지 못하는 것과 다를 바 없다(p. 2)." 진정으로 행복해지기를 원하는 사람이라면, 이 질문에 적절히 답하지 못하면서 행복하다고 말하는 것은 불가능하다는 점을 이해할 수 있을 것이다. 멘탈 휘트니스 프로그램에서는 바로 이러한 삶의 딜레마 상황 속에서 행복해질 수 있는 심리학적인 기술을 다룬다.

(4) 승화된 긍정성

멘탈 휘트니스 프로그램에서는 우리가 행복해지기 위해서는 삶 속에 존재하는 다양한 부정성 속에서도 정신적 긍정성을 회복하고 유지하며 또 강화할 수 있도록 훈련받는 것이 중요하다고 가정한다. 멘탈 휘트니스에서 추구하는 심리적인 긍정성의 의미를 체득하기 위해서는 먼저 긍정성의 세 가지 유형을 이해할 필요가 있다. 긍정성은 크게 세 가지 유형으로 구분할 수 있다. 첫째, 온전한 긍정성이다. 이것은 인간의 미덕과 강점들로만 구성된 긍정성을 의미한다. 인간이 신이 아닌 이상 이러한 긍정성은 존재하지 않는다. 둘째, 미화된 긍정성이다. 이것은 인간의 미덕과 강점들이 과장 또는 가장된 형태의 긍정성을 말한다. 흔히 상업화된 영화나 드라마에서는 실제 인물의 삶을 조명하더라도 억지춘향격의 감동을 위해 사실을 왜곡하는 경향이 있다. 하지만 사실이 아닌 것에서 받게 된 감동은 진실이 아니라는 점을 깨닫는 순간 자취를 감추게 될 뿐만 아니라 오히려 불쾌감마저 유발할 수 있다. 마지막으로 **승화된 긍정성**은 인간의 강점과 약점 그리고 미덕과 악덕이 통합된 형태의 긍정성이다. 이것이 바로 멘탈 휘트니스 프로그램에서 추구하는 긍정성에 해당된다. **승화된 긍정성**은 마치 조개가 내부의 상처를 영롱한 진주로 재탄생시키는 과정과 유사하다고 할 수 있다. 진주의 영롱한 빛은 부정성(상처)과 긍정성(조개의 회복 노력)이 통합된 결과로서 새로운 형태의 긍정성(진주)이 발현된 것이라는 점에서 승화된 긍정성에 대한 좋은 비유적 표현이 될 수 있다.

(5) 낙관성

일반적으로 사람들은 '하면 된다'는 정신으로 무장하는 것이 **낙관성**이라고 오해하는 경향이 있다. 하지만 삶에 대해 건강한 형태의 긍정적 시각을 나타내는 낙관성은 긍정적 환상 또는 비현실적인 낙관성과는 질적으로 다른 것이다. 긍정적 환상은 자신과 세상에 대한 비현실적인 형태의 긍정적 시각을 의미한다. 사실 긍정적 환상은 어떤 면에서는 적응에 기여할 수 있을 것 같은 기대감을 불러일으키기도 한다. 왜냐하면 이러한 긍정적 환상들은 좌절감을 유발할 수 있는 상황에서 자아를 보호해 주고 또 주관적인 행복감을 경험하는 데 기여할 것처럼 보이기 때문이다. 하지만 이러한 긍정적 환상은 현실에 대한 왜곡된 지각을 전제로 하고 있다는 점에서 적응적인 효과를 나타내기 어렵다. 멘탈 휘트니스 프로그램에서 추구하는 낙관성은 냉엄한 현실(예컨대, 쇼펜하우어의 초원의 양 비유)을 인정한 상태에서 출발하며 단순화된 종교적이거나 교조적인 형태의 믿음이 아니라 경험적 연구 결과에 기초한 낙관성을 추구한다.

(6) 강점의 왕과 여왕(King and Queen of Strengths)

멘탈 휘트니스 프로그램에서는 타인을 사랑할 줄 아는 능력을 강점의 왕 그리고 타인으로부터 사랑받을 줄 아는 능력을 강점의 여왕이라고 부른다. 인간이 사랑을 주고받는 경험에 기초하지 않은 상태에서 행복해지는 것은 사실상 불가능하다. 사랑을 주고받는 능력과 관련된 암묵적인 기술을 베일런트(Vaillant, 1997) 박사는 '**심리적인 동화**(psychological assimilation)'라고 불렀다. 심리적인 동화란 외부의 존재를 마음속으로 품는 과정을 말한다. 이것은 물리학적으로는 불가능할지라도 심리학적인 감각경험으로는 가능하다. 이런 점에서 심리적인 동화란 심리적인 과정에 대한 상징적인 표현에 해당된다. 멘탈 휘트니스에서는 심리적인 동화 과정 중에서 가장 상위의 단계에 해당되는 '동일시(identification)'를 추구한다. 동일시는 외부의 인간관계를 심리적으로 잘 소화시켜 사회생활에서 심리적인 자원의 하나, 즉 행복의 도구로 유용하게 활용하는 것을 말한다.

(7) 정서 교양(Emotional Literacy)

정서 교양은 자신의 정서를 정확하게 지각하고 또 사회적으로 유용하게 활용하는 능력을 말한다. 이러한 정서 교양은 행복감 증진 및 사회적인 유능성을 함양하는 데 필수적으로 요구되는 기능이다. 정서를 적응적인 목적으로 활용하는 정신적인 능력인 정서 교양은 정서적인 생활에서 연금술적인 변화가 실제로 일어날 수 있도록 해 줄 수 있다. 사실, 인간이 자기감정을 자유롭게 통제한다는 것은 매우 어려운 과제이다. 사고와는 달리, 감정은 쉽게 변하는 것이 아니기 때문이다. 멘탈 휘트니스에서는 우리들의 마음속에 일종의 '**정서적인 극장**(emotional theater)'이 존재한다고 가정한다. 어떤 사람의 정서적인 극장에서는 하루 종일 비극만 상영되기도 하고 또 다른 사람의 정서적인 극장에서는 행복한 드라마만 상영되기도 한다. 정서교양은 이러한 정서적인 극장이 사회적인 상황에 맞게 적응적인 방향으로 운영될 수 있도록 조절하는 능력을 의미한다.

(8) 멘탈 휘트니스 대화법

멘탈 휘트니스 프로그램에서 행복한 삶을 위해 강조하는 기법 중 하나는 긍정 대화법이다. 이 대화법에서는 다음의 세 가지 규칙을 강조한다. 첫째, 반드시 대화를 '너'가 아니라 '나'로 시작한다. 둘째, 반드시 불만이 아니라 소망을 표현한다. 셋째, 문장을 끝맺기 전에 반드시 긍정적인 감정 단어를 사용한다. 외견상 이러한 대화법은 흔히 '나 전달법(I message)'으로 알려진 대화법과 유사한 인상을 준다. 하지만 멘탈 휘트니스에서의 긍정 대화법은 여타의 대화법과는 질적으로 다르다. 왜냐하면, 이러한 대화법은 앞서 언급한 심리적인 동화라는 개념을 전제로 해서 활용되기 때문이다. 언어적인 동일성에 의해, 의미상의 차별성이 간과되어서는 안 된다. 바로 이런 점 때문에 멘탈 휘트니스 프로그램에서 사용하는 행복의 기술을 암묵적이라고 칭하는 것이다. 이러한 형태의 행복의 기술은 본질적으로 언어로는 전달될 수 없는 것이다. 이러한 상황은 스트레스 대처 기제로서의 '억제(suppression)'와 성숙한 방어기제로서의 '억제(suppression)' 간에 언어적인 동일성에도 불구하고 의미와 효과 면에서 커다란 차이가 나는 점과 비슷하다. 일반적인 대처 기제로서의 억제는 불편한 생각을 의도적으로 억누르는 것으로서 역기능적인 것인 반면에 성숙한 방어기제로서의 억제는 기본적으로 불편한 감정을 다루는 무의식적인 대처기제로서 적응적인 효과를 나타낸다(고영건, 안창일, 2007). 멘탈 휘트니스의 긍정 대화법은 심리적인 동화에 기초해 상대방의 마음을 실제로 움직이는 행복의 기술에 해당되는 반면에, '나 전달법'은 상대방의 자존심을 상하게 하지 않으면서 '나의 감정을 효과적으로 전달하는 의사소통 기술'에 해당된다. '나 전달법'을 사용하는 가장 중요한 목적은 상대방의 행복을 위하는 것이 아니라 나를 효과적으로 표현하는 것인 반면, 멘탈 휘트니스 대화법은 가장 중요한 사용 목적이 나의 행복은 물론 상대방의 행복을 위하는 것인 의사소통 기술에 해당된다.

(9) 전화(電話) 훈련

멘탈 휘트니스에서 강조하는 행복 훈련법 중 하나는 전화 훈련이다. 전화기는 인류의 대표적인 문화적 발명품 중 하나이지만 사실 정신건강 교양과 관계된 훈련을 받지 않은 상태에서는 효과적으로 사용하기 어려운 문명의 이기(利器) 중 하나이다. 전화는 사람들이 자신의 감정을 가장 솔직하게 표현할 수 있는 도구 중 하나이다. 얼굴 표정에 비해 음성 정보는 진심을 숨기기가 대단히 어렵다. 바로 이런 점 때문에 연애를 시작한 커플들은 전화요금이 기하급수적으로 증가하는 반면에 싫어하는 사람과는 사실상 업무용 전화 이외에는 친밀한 교류를 위한 통화를 전혀 안 하게 되는 것이다. 이런 점에서 언제 누구에게 어떻게 전화를 거는가 하는 점도 매우 중요한 행복의 기술 중 하나에 속한다.

(10) 심리학적인 연금술

베일런트(1997)에 따르면, 인간의 삶에는 마치 연금술과 같은 효과, 즉 상상 속에서나 존재할 수 있다고 믿는 일들이 실제로 나타날 수 있도록 해 주는 삶의 기술들이 존재한다. 그는 이러한 삶의 기술들을 '자아의 연금술(The alchemy of the Ego)'이라고 불렀다. 멘탈 휘트니스에서는 행복의 기술을 심리학적인 연금술이라고 부른다. 이러한 심리학적인 기술은 개별 사건들을 의미 있게 재구성함으로써 궁극적으로 개인이 자신의 삶을 완성할 수 있도록 돕는다. 이런 점에서 심리학적인 연금술은 우리의 삶을 단순한 삶 이상의 것이 되도록 해 준다. 다시 말해 우리의 삶을 예술적인 수준으로 고양시켜 줄 수 있다. 스스로를 현대의 연금술사라고 불었던 융(Jung, 1989)은 오래전부터 전해져 오던 연금술사들의 금언(金言)을 다음과 같이 소개하였다. "자연이 불완전하게 남겨 놓은 것을 인간은 예술적인 삶을 통해 완성한다(p. 255)."

5. 청소년 건강행동에서의 메시지 프레이밍과 멘탈 휘트니스 프로그램의 적용 사례

1) 청소년의 건강행동에 메시지 프레이밍을 적용한 사례

청소년을 대상으로 진행된 성공적인 메시지 프레이밍 전략의 대표적인 예로는 트루스(Truth) 캠페인을 들 수 있다(Sly, Trapido, & Ray, 2002). 연령이 12~17세에 이르는 청소년을 대상으로 한 이 캠페인에서는 청소년의 특성을 고려하는 형태로 메시지가 재단되었다. 트루스 캠페인에서는 청소년에게 담배를 피우지 말라는 식의 직접적인 지시를 하지 않았다. 대신에 권위에 도전하고 독립을 추구하는 청소년의 특성을 고려하여 담배를 피우는 것이 담배회사에게 이용당하는 것일 수 있다는 메시지를 전달하였다. Sly와 Trapido, Ray(2002)에 따르면, 트루스 캠페인은 청소년의 흡연에 대한 태도와 행동 변화에 매우 효과적이었다.

Evans, Price 및 Blahut(2005)는 이러한 효과를 트루스 캠페인의 브랜드 자산 평가와 관련지어 설명하였다. 그들에 따르면, 트루스 캠페인의 브랜드 자산 가치를 높이 평가할수록 담배회사의 기만적 마케팅에 대한 반감이 더 높고 흡연에 대해서도 더 부정적인 태도를 나타냈다.

2) 청소년의 건강행동에 멘탈 휘트니스를 적용한 사례

고영건과 김진영(2009)은 청소년을 대상으로 하여 메시지 프레이밍 처치를 받은 집단, 멘탈 휘트니스 훈련을 받은 집단, 메시지 프레이밍과 멘탈 휘트니스 훈련을 함께 받은 집단, 그리고 통제 집단 간의 건강행동에서의 차이를 비교하였다. 이러한 목적을 위해 연구자들은 건강 메시지 프레이밍 과정에서 참여자들이 직접 자신의 건강나이를 계산해 볼 때 건강 관련 행동의 중요성에 관한 정보가 활성화되는 절차를 활용하였다. 이때 건강 메시지는 정적인 형태와 부적인 형태로 프레이밍되는 동시에 문화적인 고려가 함께 이루어졌다. 그리고 멘탈 휘트니스 긍정심리 프로그램은 김진영과 고영건(2009)이 제안한 절차를 따랐다.

이 연구의 참여자는 서울 시내 중·고등학교 청소년 186명(남자 146명, 여자 39명)이었다. 이 중에서 사전 및 사후 평가지가 모두 수거된 169명이 최종 분석에 포함되었다. 이 연구에서 참여자는 메시지 프레이밍 기법을 적용한 집단(34명), 멘탈 휘트니스 훈련을 받은 집단(60명), 메시지 프레이밍과 멘탈 휘트니스 훈련을 함께 받은 집단(32명), 그리고 통제 집단(43명)의 네 집단으로 분류되었다.

이 연구에서 통제 집단과 건강 증진 관련 메시지 프레이밍 처치만을 받은 집단에서는 건강 증진 행동상에서 유의미한 변화가 나타나지 않은 반면, 멘탈 휘트니스 훈련을 받은 집단과 메시지 프레이밍 및 멘탈 휘트니스 훈련을 함께 받은 집단은 건강 증진 행동에서 유의미한 변화가 나타났다. 특히 건강 증진 행동상에서의 사전 평가 점수와 사후 평가 점수 간 차이가 가장 컸던 집단은 메시지 프레이밍과 멘탈 휘트니스 훈련을 함께 받은 집단이었다. 이러한 결과는 청소년의 건강행동 증진의 최적화를 위해서는 메시지 프레이밍 절차와 멘탈 휘트니스 프로그램을 적극적으로 활용하는 것이 필요하다는 점을 보여준다.

6. 청소년의 정신건강 교양 증진을 위한 멘탈 휘트니스 프로그램 리더

1) 청소년용 멘탈 휘트니스 프로그램에서의 리더 조건

Wiseman과 McKeown(2010)에 따르면, 영국의 수상 윌리엄 글래드스톤(William E. Gladstone)은 사람을 만날 때면 그 자신이 세상에서 가장 똑똑한 사람이라는 인상을 주려 노력했다. 반면에 그의 경쟁자였던 벤저민 디즈레일리(Benjamin Disraeli)는 누구를 만나든지 자신이 만났던 그 사람이 바로 세상에서 가장 똑똑한 사람이라는 인식을 갖고 방을 나서도록 했다.

Wiseman과 McKeown(2010)은 윌리엄 글래드스톤 같은 사람을 **디미니셔**(diminisher) 그리고 벤저민 디즈레일리 같은 사람을 **멀티플라이어**(multiplier)라고 명명하였다. 디미니셔는 주변 사람들의 지성과 정서적 능력을 떨어뜨리는 사람을 말하는 반면, 멀티플라이어는 주변 사람들을 보다 더 훌륭하고 똑똑한 사람으로 만들어 주는 사람들이다(Wiseman & McKeown, 2010).

Wiseman과 McKeown(2010)은 전 세계의 150명 이상의 리더들을 면담하는 과정에서 실제로 두 가지 유형의 리더가 존재한다는 점을 발견하였다. 평범하거나 재능이 다소 부족한 사람도 양질의 프로그램 과정에서 주어지는 특별한 만남, 즉 멀티플라이어와 지지적인 관계를 맺는 것을 통해 자신의 재능을 극대화하는 것이 가능할 수 있다. 멀티플라이어는 팀원의 삶을 변화시키는 특별한 계기를 만들어 줄 수 있다. 반면에 디미니셔와의 만남은 팀원의 자원을 불필요한 일들에 낭비하도록 만듦으로써 결과적으로 수행 능력과 잠재력 모두를 떨어뜨린다. 결

표 4-4 멀티플라이어와 디미니셔의 특징 비교

멀티플라이어	디미니셔
재능자석	제국건설자
해방자	독재자
도전자	전지전능자
토론주최자	결정권자
투자자	간섭자

과적으로 멀티플라이어 리더는 집단원들의 역량의 2.3배를 이끌어내는 성과를 올리는 반면, 디미니셔 리더는 집단원들이 자신의 역량 중 겨우 40% 수준을 발휘하도록 만든다(Wiseman, Allen, & Foster, 2013).

이러한 결과는 청소년의 정신건강 증진을 위한 멘탈 휘트니스 프로그램 리더가 멀티플라이어가 되는 것이 바람직하다는 점을 보여준다. 표 4-4는 멀티플라이어와 디미니셔가 다른 사람들과 관계를 맺는 방식에서의 차이를 보여준다.

디미니셔 리더는 청소년 프로그램을 진행하는 동안 프로그램 참여자들과의 관계에서 자신을 위한, 자신에 의한, 그리고 자신의 왕국을 건설하는 제국건설자처럼 행동하는 경향이 있다. 반면에 멀티플라이어 리더는 프로그램 참여자들의 재능이 마음껏 발현될 수 있도록 집단 분위기를 조성하는 재능자석의 역할을 한다.

프로그램 리더가 재능자석의 역할을 할 때의 핵심 요소는 프로그램 참여자들의 숨겨진 재능을 발굴해내는 것이다. 이를 위해서는 청소년 참여자들의 수행에 관해 평가할 때 평가의 단위를 실제 행동 단위보다 한 수준 높여서 평가하는 것이 필요하다. 예를 들면, 긍정적 자기 소개를 잘한 청소년을 칭찬할 때 "너는 자기소개를 잘하는구나."라고 말하는 것이 아니라 "너는 발표를 아주 잘하는구나."라고 말하는 것이다. 이렇게 하는 이유는 보다 폭넓은 형태로 프로그램 참여자들의 행동을 평가해야 그러한 정보들이 누적되었을 때 공통분모를 찾아내기가 쉽기 때문이다. 평가를 할 때 너무 폭 좁게 평가하게 되면, 프로그램이 오래 진행된 후에도 프로그램 참여자들의 행동들에서 공통분모를 찾아내기 어렵다.

디미니셔 리더는 청소년 프로그램을 진행하는 동안 프로그램 참여자들 위에 군림하는 독재자 역할을 한다. 반면에 멀티플라이어 리더는 프로그램의 분위기를 열정적으로 이끄는 해방자 역할을 한다. 멀티플라이어 리더가 해방자의 역할을 하기 위해서는 프로그램 진행과정에서 이따금씩 직면하게 되는 일종의 억압적 분위기를 제거하는 것이 중요하다.

프로그램 진행 과정에서 나타날 수 있는 집단 내 억압적 분위기를 일컫는 말로는 '방 안의 코끼리'라는 표현이 있다. 이것은 방 안에 코끼리가 있는 경우 모든 사람이 그 사실을 알게 되지만 아무도 그 사실에 대해서 언급하지 않는 상황을 말한다. 집단 프로그램 진행 과정에서 이러한 문제가 발생하게 될 경우에는 프로그램의 어떤 활동도 마치 모래성을 쌓는 것과 같은 부질없는 시도로 변질될 수 있다.

디미니셔 리더는 청소년 프로그램을 진행하는 동안 혼자서 '북 치고 장구 치고'를 다하는 전지전능자의 역할을 한다. 반면에 멀티플라이어 리더는 프로그램 참여자들의 도전정신을 이끌어내는 도전자 역할을 한다. 멀티플라이어 리더가 청소년 프로그램에서 도전자 역할을 하기 위해 주로 사용하는 방법 중 하나는 '질문하기'이다.

일찍이 논어에서 공자가 지적한 바 있듯이, 최고의 리더는 북극성과 같은 역할을 한다. 밤하늘의 모든 별들이 북극성을 중심으로 운행하듯이, 리더는 모든 것을 다하는 사람이 아니라, 북극성처럼 아무것도 안 하는 것처럼 보이지만 실제로는 프로그램 내 모든 일들이 리더를 중심으로 돌아가도록 프로그램을 진행하는 사람이다. 이것을 위해 프로그램 리더가 해야 할 일은 바로 '질문하기'이다. 뛰어난 프로그램 리더는 답을 하는 사람이 아니라 질문을 하는 사람이다. 이때 답은 프로그램 참여자들이 합심해서 찾아내야 하는 것이다. 도전정신으로 충만한 프로그램 참여 집단과 그렇지 않은 프로그램 참여 집단의 차이가 바로 프로그램 리더의 이러한 역할과 관계가 있다.

디미니셔 리더는 청소년 프로그램을 진행하는 동안 혼자서 모든 것을 정하는 결정권자 역할을 한다. 반면에 멀티플라이어 리더는 프로그램 내 활동의 대부분을 프로그램 참여자들과의 토론을 통해 의사결정하는 토론주최자의 역할을 한다. 이때 토론주최자가 되기 위해서 프로그램 리더는 경청하는 것이 중요하다. 프로그램에서 리더의 역할은 답을 주는 사람이 되는 것이 아니라 프로그램 참여자들이 찾아낸 답변을 경청하는 것이다. 토론을 할 때 프로그램 리더가 입을 열수록 프로그램 참여자들은 입을 다물게 된다는 사실을 명심할 필요가 있다.

디미니셔 리더는 청소년 프로그램을 진행하는 동안 프로그램 참여자들의 행동에 사사건건 간섭을 하는 간섭자 역할을 한다. 반면에 멀티플라이어 리더는 프로그램 참여자들의 잠재력을 이끌어내는 투자자 역할을 한다. 간섭자와 투자자의 결정적인 차이 중 하나는 프로그램 참여자들에게 자신의 권한을 얼마나 양도하는가 하는 점이다. 디미니셔 리더는 프로그램 참여자들에게 권한은 이양하지 않으면서 프로그램 참여자들이 주인의식을 갖고 참여하기를 바라는 모순적인 모습을 보인다. 반면에 멀티플라이어 리더는 합리적인 판단하에 리더로서 프로그램 참여자들에게 권한을 이양할 수 있는 부분은 최대로 권한을 이양한다. 그리고 자신이 프로그램 참여자들에게 권한을 부여한 범위 내에서 합리적인 기대를 한다. 권한을 양도하지 않은 상태에서 주인의식을 갖고 참여하라는 무리한 요구를 하지 않는다.

2) 청소년용 멘탈 휘트니스 프로그램의 리더를 위한 훈련

Wiseman, Allen 및 Foster(2013)는 멀티플라이어 이론을 바탕으로 400명 이상의 교육계 인사들을 대상으로 3년에 걸쳐 연구를 한 후 교육 장면에서의 멀티플라이어 모델을 제안하였다. 이러한 모델은 청소년용 멘탈 휘트니스 프로그램의 리더를 위한 훈련 과정에서도 유용하게 활용될 수 있을 것으로 보인다.

Wiseman, Allen 및 Foster(2013)는 멀티플라이어 리더십 모델에서 리더 훈련을 위해 여섯 가지 실습 모델을 제안하였다. 이를 청소년용 멘탈 휘트니스 프로그램 진행 상황에 맞게 수정해서 소개하면 다음과 같다.

첫째, 프로그램 참여자들의 '**재능에 이름 붙이는 것**'이다. 먼저 프로그램 참여자들의 재능에 이름표를 붙인다. 예를 들면, '복잡한 생각을 잘 종합한다', '의견 차이에 대해 중재를 잘한다', '아이디어를 잘 내놓는다' 등이다. 이렇게 재능에 대해서 이름을 붙이고 나면, 프로그램 진행 과정에서 실무 역할에 해당 재능의 소유자를 투입한다. 비록 공식적인 프로그램 내용이 아니더라도 해당 참여자가 잘할 수 있는 일을 적극적으로 찾는다. 만약 프로그램 리더 자신의 재능을 확인하고자 한다면, 참여자들에게 질문을 하는 것이 가장 효과적일 수 있다.

둘째, '**칩을 최대한 적게 쓰는 것**'이다. 청소년용 멘탈 휘트니스 프로그램 리더로서 먼저 스스로 '칩'을 단위로 삼아서 예산을 짠다. 프로그램에서 칩 하나는 리더 자신이 특정 문제와 관련해서 발언을 하거나 조언을 하는 식의 개입을 하는 것을 뜻한다. 칩을 최대한 지혜롭게 사용하여 프로그램 참여자들의 역량이 충분히 발휘될 수 있도록 한다. 이러한 구조에서는 사실상 프로그램 참여자들의 역량이 프로그램 과정에서 최대로 발휘되기 위해서는 리더가 칩을 최소한으로만 사용해야 한다. 따라서 청소년용 멘탈 휘트니스 프로그램에서 리더의 과제는 칩을 최대한 많이 남기는 것이 된다.

셋째, 프로그램 참여자들에게 '**실수할 권리를 주는 것**'이다. 먼저 회의를 통해 프로그램 참여자 각각이 실수를 해도 스스로 허용할 수 있는 활동과 실수를 하면 안 되는 활동 영역에 관해 포스트잇 등을 활용해 기록하도록 한다. 그 후 공개 토론 과정에서 프로그램 진행 자체가 좌초될 수 있는 행동의 한계선을 명확하게 설정한다. 그다음 집단 합의를 통해 프로그램의 진행에 방해가 되거나 프로그램을 중도에 포기하게 될 수밖에 없는 행동은 하지 않는다는 약속을 받는다. 하지만 이러한 몇 가지 제한 행동을 제외하고서는 프로그램 진행 과정에서 어떠한 실수도 수용될 수 있다는 점을 분명하게 교통정리 한다.

넷째, '**투표권의 51%를 주는 것**'이다. 프로그램 진행 과정에서 참여자 개인에게 특정 영역에서는 결정권의 51%에 해당되는 지분을 주는 것이다. 이때 51%의 지분은 상징적인 표현으로서 그러한 권한을 가진 참여자가 해당 활동에서 주도적인 역할을 하는 것을 의미한다. 단 이러한 권한을 주었다가 다시 되돌려받는 것은 안 하느니만 못한 결과를 낳기 때문에 프로그램에서 이 원리를 실천할 때는 역할분담 과정에서 신중을 기할 필요가 있다.

다섯째, '**토론 시키기**'이다. 청소년용 멘탈 휘트니스 프로그램 진행 과정에서 리더는 즉답리더가 되는 것을 피해야 한다. 프로그램 진행 과정에서 리더는 토론을 통해 집단지성(swarm intelligence)의 힘을 육성함으로써 바람직한 결론을 도출해낸다. 집단지성은 개인들이 상호작용을 통해 사회적 문제를 공동으로 해결해내는 현상을 말한다(Kennedy, 2004). 이러한 집단지성은 집단행동에서 핵심적인 특징 중 하나다. 집단지성은 집단 내 개인이 독자적으로는 결코 해낼 수 없는 과제를 공동으로 성취해낼 수 있도록 도와준다.

여섯째, '**문제를 다시 돌려주는 것**'이다. 프로그램 참여자가 스스로 해결할 수 있을 만한 문제에 관해 질문을 하면, 리더는 해결사 또는 구조자 역할을 할 것이 아니라, 해당 참여자가 그 문제를 스스로 해결할 수 있도록 돕는 코치 역할을 해야 한다. 이것이 바로 멀티플라이어 리더가 투자자 역할을 하는 것에 해당된다. 이때 다음과 같은 코치질문을 활용하는 것이 도움이 될 수 있다. "이 문제와 관련해서 지금까지 생각한 아이디어 중 가장 좋다고 생각하는 것은 무엇인가?" 혹은 "이 문제를 해결하는 데 필요한 것은 어떤 것이 있는가? 그 중 지금 당장 활용할 수 있는 것은 어떤 것이 있는가?"

5

청소년 건강행동의
최적화 전략

1. 청소년 건강행동에 대한 기존의 심리학적 개입

건강 증진 행동에서 심리적 요소는 매우 중요한 것으로 생각된다. 먼저 외국의 연구들을 살펴보자. Kibby(1998)의 리뷰연구에 따르면, 만성적 질병으로 고통받는 아이들에 대한 심리적 개입 방법들 중에서 행동적 그리고 인지행동적 기술이 개입에서 가장 많이 쓰이는 방법이었다. 또한 이 방법들은 질병이 만성화된 아이들과 청소년들이 겪는 전형적인 문제에 대해 단기 치료를 지향하였다. Hampson과 동료들(2001)은 청소년기 당뇨병의 교육적·심리적 개입에 대한 62가지 연구를 분석한 결과, 교육적·심리적 개입이 다양한 당뇨병 관리 수치에서 작거나 혹은 중간 정도의 유익한 효과를 가진다는 사실을 확인하였다.

흡연과 관련된 연구들을 살펴보면 Botvin과 Dusenbury(1989)의 연구에서, 인지행동 모형에 기초한 예방 프로그램을 실행한 결과 흡연행동의 시작이 40~80% 정도 낮게 나타났다. 또한 Weinrich와 그의 동료들(1996)이 미국의 중학생을 대상으로 간이 증상 검사(Derogatis Brief Symptom Inventory), Spielberger의 분노 표현 검사(Spielberer's Anger Expression Scale) 및 Coppel의 사회적 지원 검사(Coppel's Index of Social Support)를 실시한 결과, 높은 심리적 불편감과 낮은 사회적 지원이 흡연과 유의한 관계가 있는 것으로 나타났다. 따라서 사회적 자원과 심리적 어려움에 대처하는 행동적 전략 역시 금연 프로그램에서 중요시되고 있다(서경현, 전겸구, 2000에서 재인용).

행동치료가 적용된 Epstein(1997)의 연구를 살펴보면, 34명의 비만 아이들을 대상으로, 앉아서 하는 활동(sedentary activity)에 대한 강한 선호를 감소시키는 것에 강화를 주었고 그 활동에 강한 선호를 보이거나, 제한된 앉아서 하는 활동을 하려 한다거나 하는 경우에는 처벌을 주었다. 연구 결과, 강화와 처벌을 받도록 무선화된 집단의 아이들은 대조군보다 신체적으로 많이 움직였고 앉아서 하는 활동을 선호하는 경향이 줄어들었다. 이처럼 비만인 아이들을 대상으로는 행동치료가 많이 적용되고 있다(Epstein, et al, 1985, 1995; Noland, 1989) 또한 Donaldson과 동료들(1995)이 11,995명의 청소년을 대상으로 알코올 남용을 방지하기 위한 저항 기술 훈련을 적용시킨 결과, 저항 기술 훈련이 효과적인 전략임이 확인되었다. 이 훈련은 청소년들이 알코올이나 기타 다른 물질 남용이 좋지 않다는 것을 알고 있고 동기화되어 있지 않더라도 친구나 동료그룹에 의해서 그것이 제안이 될 때 어떻게 거절해야 할지 몰라 시작하게 된다는 점을 강조했다.

우리나라에서 청소년기의 건강 증진을 위해 심리적 개입방법이 활용된 연구들을 보면 우리나라 역시 방법상으로는 인지행동적 기법이 많이 활용되었고(김명식, 2003; 임소연, 1996; 정종은, 1998; 황효정, 김교현, 1999), 주제상으로는 흡연에 대한 연구(류경희, 2001; 배동희, 2002; 서경현, 전겸구, 2000; 신성례, 1996; 조현진, 2003)가 제일 많았다.

먼저 인지행동적 개입을 실시한 연구들을 살펴보면, 김명식(2003)의 연구에서 112명의 니코틴 의존 고등학교 청소년을 대상으로 인지행동주의와 행동주의를 기반으로 한 금연 프로그램을 실시하여 비교하였다. 연구 결과, 인지행동 상담집단과 행동주의 상담집단 모두 통제집단에 비해 흡연량이 유의하게 감소하고 금연단계는 유의하게 증가했다. 또한, 인지행동 상담집단이 행동주의 상담집단에 비해 프로그램 사후와 추수평가에 있어 지속적으로 니코틴 의존 점수가 감소하였다.

특히 프로그램 사후에 효과집단의 인원수가 유의하게 많아 행동주의 상담집단보다 금연효과가 더 있다고 할 수 있었으나 추수 조사 결과에서는 차이가 없어서 어느 집단이 더 효과적이라고는 단정할 수 없다. 또한 이들을 우울집단과 충동집단으로 나누었는데 인지행동 상담집단은 우울집단이 충동집단에 비해, 행동주의 상담집단은 충동집단이 우울집단에 비해 보다 금연효과가 높았다.

신성례(1996)는 기술 고등학교 남학생 흡연자 대상으로 자기 효능감 이론을 응용, 흡연 청소년 자기조절 효능감 증진 프로그램을 개발하여 실시하였다. 연구 결과, 1개월 후 추수조사에서 자기조절 효능감이 증가하고 니코틴 정도가 감소한 사실이 확인되었다. 임소연(1996)은 실업계 고등학교 남자 흡연자 50명을 대상으로 흡연에 대한 시청각 교육과 흡연 충동 및 금단증상에 대한 대처, 역할극 등을 7회기에 걸쳐 실시하였는데 사후 상담집단의 흡연량이 평균 6개비 정도 감소한 것을 확인했다. 또한 사후 상담집단은 흡연폐해에 대한 지식이 증가했고, 흡연행동에 대해 보다 부정적인 태도를 갖게 되었다. 정종은(1998)의 연구에서는 여중생 흡연자 10명을 대상으로 합리적 생각과 비합리적 생각 구분하기, 비합리적 신념 바꾸기, 이완훈련, 흡연충동 대처방법 배우기, 그리고 역할극 등으로 구성된 10회기 인지행동적 상담 프로그램을 실시한 결과, 흡연지식과 흡연에 대한 부정적인 태도, 금연행위 지속기간이 증가한 사실을 확인하였다.

황효정과 김교현(1999)은 인지−행동 프로그램과 명상 훈련 프로그램이 여중생의 신체상 불만족과 폭식의 개선 및 체중 감소에 미치는 효과를 확인하였다. 인지−행동 프로그램만 진행한 경우와 인지−행동 프로그램에 명상훈련을 더해 구성한 프로그램을 비교했는데, 둘 다 훈련 직후에 신경성 폭식증 증상과 폭식 행동 및 신체질량지수(BMI)를 감소시키는 효과가 있었다. 훈련 2개월 뒤에는 인지-행동 프로그램에 명상훈련을 부가한 프로그램에 참여했던 집단이 신체질량지수와 신체상 불만족의 개선 정도가 다른 조건보다 더욱 높았다는 사실을 확인함으로써 명상훈련의 추가적 효과를 검증했다.

다음으로 행동주의 기법을 활용한 연구들을 살펴보면, 류경희(2001)가 흡연의 유해성 교육, 흡연 욕구에 대한 자기감찰, 자기 보상 및 처벌, 또래집단의 압력 대처 등의 6회기의 프로그램을 중학생 남자 흡연자 10명을 대상으로 실시한 결과, 사후 자기조절신념과 자기효능감이 증진되었고, 흡연량이 감소되는 경향을 확인하였다. 배동희(2002)는 흡연의 이유, 흡연의 유해성, 흡연충동 및 금단증상 대처 등 총 5회기의 집단 금연 프로그램을 고등학교 2학년 남학생 흡연자 20명을 대상으로 실시하여 사후 일일 흡연량과 흡연에 대한 긍정적인 태도가 감소되고 흡연에 대한 정확한 지식이 증가한 사실을 확인하였다.

최근 많은 관심을 받고 있는 마음챙김 명상 또한 심리학적 개입방법으로 건강 증진을 위해 활용되고 있다. 조현진(2003)은 흡연중학생을 대상으로 마음챙김 명상을 실시하여, 마음챙김 명상 집단의 자기효능감이 통계적으로 유의미하게 증가하고, 상태특성불안과 상태분노가 대기자 집단보다 유의하게 완화된 사실을 확인하였다. 그러나 소변검사, 흡연개비수, 니코틴의존도에서는 유의미한 차이가 없어 직접적인 흡연행동에 대한 결과를 확인할 수는 없었으나, 금연에 대한 자기효능감이 유의하게 향상된 사실을 바탕으로 금연에 대한 장기적인 효과를 예견할 수 있다고 하였다. 이지선(2004)이 여자 중학생을 대상으로 마음챙김 명상이 과민성 대장증후군에 미치는 영향을 연구한 결과, 명상 집단이 대기-통제 집단에 비해 복통, 변비, 복부팽만 등의 주요 과민성 대장증후군의 증상과 전체 증상 평가에서 유의미하게 감소한 사실을 확인하였다. 그러나 학업 스트레스 상황 및 반응, 자기 효능감, 특성-상태 불안과 우울검사에서는 유의미한 차이가 없었다. 이에 대해서 이지선(2004)은 아이들이 프로그램에 지속적으로 참여하면서 증상의 호전, 통제감 향상 및 부정적 정서의 감소를 보고한 것을 바탕으로 심리적 특성에 대한 변화는 장기적인 변화 추세를 살펴볼 것을 권장했다.

변경희(2000)는 여고생을 대상으로 현실요법 적용 금연 프로그램을 실시하였다. 연구 결과, 흡연폐해에 대한 지식, 흡연행동에 대한 태도 수준, 흡연량, 금연행동 지속기간의 변화 등에 긍정적인 효과가 있는 것을 확인하였다. 이는 현실에 대한 책임감과 옳고 그름을 판단하여 흡연행동 대신에 바람직한 행동을 하도록 변화했기 때문으로 보인다. 현실요법은 1965년 미국의 William Glasser가 체계화한 이론으로 청소년들의 비행 상담에 많이 사용되는 심리학적 개입방법이다.

이렇듯 청소년 시기의 건강을 증진하기 위한 국내의 심리적 개입연구들은 주로 흡연이라는 주제에 집중되어 있는 경향성을 보인다. 따라서 향후 보다 다양한 주제로 연구 분야를 확장시켜야 할 필요가 있어 보인다.

2. 메시지 프레이밍과 멘탈 휘트니스를 활용한 청소년 건강행동의 최적화 전략

1) 메시지 프레이밍 과정에서의 문화적 재단

Halvorson과 Higgins(2013)의 주장에 따르면, 동아시아인들은 미국인들에 비해 안정지향적인 성향이 강하다. 대조적으로 미국인들은 동아시아인들에 비해 성취지향적인 성향이 강하다. 그들에 따르면, 미국문화는 독립심을 강조하고 개인의 성취를 높이 평가하기 때문에 사회문화적으로 성취지향성의 중요성을 부각시킨다. 이런 점에서 '아메리칸 드림'이라는 표현은 성취지향적인 문화의 한 단면을 전형적으로 보여준다고 할 수 있다. 특히 건국이념에서도 잘 드러나듯이, 미국인들의 목표는 행복의 추구이지 안전의 추구는 아닌 것으로 보인다.

반면에 한국이 속한 동아시아 문화권에서는 상부상조의 전통 속에서 개인보다는 집단적 가치를 중요시한다. 팀워크에서의 핵심 요소는 바로 안정적인 신뢰감이다. 이를 위해서 팀원들은 팀 내에서 다른 사람들이 믿고 의지할 만한 신뢰로운 멤버가 되고자 노력해야 한다. 이러한 믿음이 바로 안정지향성에서의 핵심가치라고 할 수 있다.

한편 Wilson과 Swets(1954)의 신호탐지이론(Signal detection theory, SDT)에 따르면, 신호의 탐지는 신호에 대한 관찰자의 민감도와 관찰자의 반응 기준에 달려 있다. 이 이론에서는 신호(signal)와 노이즈(noise)를 구분하는 과정에서 개인의 경험, 기대치, 그리고 심리학적 상태(피로) 등에 따라 식역의 범위가 결정된다. 예를 들어, 전시에 보초병은 평상시보다 훨씬 더 작은 자극에도 민감하게 반응하게 된다. 왜냐하면 전쟁 상황에서는 외부 자극에 대한 기대치와 심리적 긴장 수준이 높을 수밖에 없기 때문이다.

Halvorson과 Higgins(2013)가 제안한 성취지향성과 안정지향성의 두 차원은 건강행동을 위한 선택과정에서 중요한 영향을 미칠 수 있다. 도전적이고 기회를 놓치는 것을 싫어하는 성취지향성의 반응태세에서는 오경보(false alarm) 또는 관여오류를 범하는 데는 주저하지 않지만 미탐지 오류 혹은 누락오류를 범하는 데는 주저하게 된다. 반면에 신중하고 조심성이 많은 안정지향성의 반응태세에서는 오경보(false alarm) 또는 관여오류를 범하는 데는 주저하지만 미탐지 오류 혹은 누락오류를 범하는 데는 주저하지 않는다.

따라서 성취지향성과 안정지향성의 두 가지 반응태세에서는 각각 선호하는 전략이 다르다고 할 수 있다. 이러한 반응태세를 축구에 비유하자면, 성취지향성 반응태세에서는 공격 위주의 전략을 선호한다. 실점을 많이 하더라도 득점을 더 많이 해서 승리를 얻으려는 태도를 선호하는 것이다. 반면에 안정지향성의 반응태세에서는 수비 위주의 전략을 선호한다. 득점을 적게 하더라도 실점을 더 적게 해서 결국 승리를 얻으려는 태도를 선호하는 것이다.

Halvorson과 Higgins(2013)는 실제로 미국인들은 성취지향적인 언어로 메시지 프레이밍이 주어질 때 해당 제품에 대한 선호도가 더 증가하는 경향이 있다고 소개하였다. 예를 들면, 다음과 같이 광고 메시지를 프레이밍하는 것이다.

"한 번에 한 잔으로 심장 기능을 강화하세요. 써니 오렌지 주스는 건강한 심장을 위해 믿고 마시는 음료수입니다."

반면에 아시아인들은 안정지향적인 언어로 메시지 프레이밍이 주어질 때 해당 제품에 대한 선호도가 더 증가하는 경향이 있었다. 예를 들면, 다음과 같이 광고 메시지를 프레이밍하는 것이다.

"한 번에 한 잔으로 심장이 약해지는 것을 예방하세요. 써니 오렌지 주스는 심장을 보호하기 위해 믿고 마시는 음료수입니다."

동서양 간에 존재하는 이러한 반응태세 상의 차이를 고려해 볼 때, 메시지 프레이밍 과정에서 문화적 고려를 하는 것은 필수적인 일로 판

단된다. 다음은 건강 메시지 프레이밍 과정에서 문화적인 차이를 고려
하는 예이다.

(1) 성취지향적인 문화권에서의 건강 메시지 예
① 성취지향 획득 프레임

매일 적당량의 과일과 야채를 섭취하면 전반적으로 신체가 건강해지
고 전반적인 행복감과 성취감을 증진시킬 수 있습니다. 이러한 건강한
식단은 전체적으로 자신감을 높여 주고 다른 사람들에게 더 매력적인
인상을 줄 수 있습니다. 그리고 좋은 영양 상태는 지적인 과제에서의
수행 능력도 향상시켜 줍니다.

② 성취지향 손실 프레임

매일 적당량의 과일과 야채를 섭취하지 않으면 전반적으로 신체가 건
강해지고 전반적인 행복감과 성취감을 증진시킬 수 있는 기회를 잃게
됩니다. 또 이러한 기회를 놓치게 되면 전체적으로 자신감을 높여주고
다른 사람들에게 더 매력적인 인상을 주는 데도 실패하게 됩니다. 더
구나 이렇게 되면, 좋은 영양 상태를 유지함으로써 지적인 과제에서의
수행 능력도 향상시킬 수 있는 좋은 기회마저도 놓치게 됩니다.

(2) 안정지향적인 문화권에서의 건강 메시지 예
① 안정지향 획득 프레임

매일 적당량의 과일과 야채를 섭취하면 신체에 필요한 비타민과 미네
랄 등의 영양소가 공급되기 때문에 외부의 오염물질과 스트레스로부
터 신체를 보호하고 이미 파괴된 조직을 재생할 수 있는 유용한 물질
을 만들어낼 수 있습니다. 우리의 신체가 좋은 영양 상태를 유지하게

되면, 그 과정에서 형성된 건강한 면역체계는 외부의 병원균을 막고 독소를 중화시키며 박테리아의 침입에 맞서는 장벽을 형성해 외부의 해로운 물질들의 확산을 막을 수 있게 됩니다. 이처럼 적당량의 과일과 야채를 섭취하는 것은 질병으로부터 신체를 방어하고 건강을 유지할 수 있게 해 줍니다.

② 안정지향 손실 프레임

매일 적당량의 과일과 야채를 섭취하지 않으면 신체에 필요한 비타민과 미네랄 등의 영양소가 공급되지 않기 때문에 외부의 오염물질과 스트레스로부터 신체를 보호하고 이미 파괴된 조직을 재생할 수 있는 유용한 물질을 만들어낼 수 없습니다. 우리의 신체가 좋은 영양 상태를 유지하지 못하게 되면, 외부의 병원균을 막고 독소를 중화시키며 박테리아의 침입에 맞서는 장벽을 형성해 외부의 해로운 물질들의 확산을 막아주는 건강한 면역체계를 갖추지 못하게 됩니다. 이처럼 적당량의 과일과 야채를 섭취하지 않는 것은 질병으로부터 신체를 방어하지 못할 뿐만 아니라 건강을 유지하지 못하게 만듭니다.

(3) 메시지 프레이밍에서의 수용자 세분화 전략

Blanton, Stuart 및 동료들(2001)은 메시지 프레이밍의 성공 여부가 목표대상의 가치관 또는 규범적 믿음의 내용과 밀접한 관계가 있다고 주장하였다. 사람들은 자신의 행동 결과에 따라 정체성이 영향을 받기 때문에, 자신의 소신에 위배되는 행동을 했을 때 초래하게 될 위험성에 더 민감하게 반응하는 경향이 있다. 따라서 메시지 프레이밍의 효과는 행위자의 믿음 내용과 일치하기보다는 반대되는 내용에 초점을 맞춰 구성하는 것이 더 효과적이다.

예를 들어, 건강관리를 위해 운동을 하는 것이 바람직하다는 믿음을 갖고 있는 사람이라면, 이러한 믿음과 불일치하는 행동을 하는 사람의 부정적 측면을 강조하는 것이 효과적일 수 있다. 예를 들면, "운동을 하지 않는 것은 자기 자신의 건강에 대해서 무책임하게 행동하는 것이다."는 형태로 메시지를 프레이밍하는 것이다.

Blanton, Stuart 및 동료들(2001)은 이러한 주장에 대한 근거를 얻기 위해 먼저 연구 참여자들에게 인플루엔자 예방접종을 선택하는 학생들의 숫자가 다르게 제시된 신문기사 두 가지 중 하나를 읽도록 요구했다. 한 기사에서는 대부분의 학생이 예방접종을 할 것이라고 소개했고 다른 기사에서는 대부분의 학생이 예방접종을 하지 않을 것이라고 설명했다. 그다음에 또 다른 두 번째 기사를 읽게 했는데 이 기사에서는 예방접종을 한 사람과 하지 않은 사람의 행동 특성이 제시되었다. 이 두 번째 기사의 메시지는 다음의 두 가지 내용 중 하나로 구성되었다. 하나는 "예방주사를 맞은 사람은 다른 사람을 배려하는 것이라고 할 수 있다."는 내용을 담고 있었다. 이것은 주사를 맞기로 선택한 사람을 긍정적으로 평가하는 내용에 해당된다. 나머지 하나는 "예방주사를 맞지 않은 사람은 다른 사람에게 무관심한 점을 나타낸다."는 내용을 담고 있었다. 이것은 주사를 맞지 않기로 선택한 사람을 부정적으로 평가하는 내용에 해당된다.

연구 결과, 연구 참여자들은 자신의 믿음과 일치하는 행동과 관계된 메시지보다는 자신의 믿음과 불일치하는 행동과 관계된 메시지에 더 큰 영향을 받는 것으로 나타났다. 다시 말해 대부분의 학생들이 예방주사를 맞은 것으로 믿고 있었던 참여자들은 주사를 맞지 않기로 선택한 사람을 부정적으로 평가하는 메시지에 더 큰 영향을 받았다. 반면에 대부분의 학생들이 예방주사를 맞지 않은 것으로 믿고 있었던 참여자들은 주사를 맞기로 선택한 사람을 긍정적으로 평가하는 메시지에 더 큰 영향을 받았다.

그런데 Blanton, Stuart 및 동료들(2001)의 연구에서는 단순히 기사를 읽은 것에 해당되기 때문에 단순히 기사를 접하는 경험이 특정 내용에 대한 믿음과 동등한 효과를 준다고 보기는 어려울 수 있다(Martin, Goldstein, & Cialdini, 2014). 따라서 Blanton, Stuart 및 동료들(2001)의 연구 결과를 일반화하기 위해서는 연구 참여자들의 실제 믿음 내용을 대상으로도 적용가능해야 한다.

바로 Blanton, van den Eijnden 및 동료들(2001)은 이러한 문제에 대한 확인 작업을 수행하였다. 그들은 대학 캠퍼스에서 연구 참여자들에게 특정 건강 습관에 대해 어떻게 생각하는지 생각을 적어달라고 요청하였다. 2주 후, 연구진은 이들에게 가상의 경험담을 읽게 하였다. 이 경험담은 바람직한 형태의 건강행동을 보이는 사람들의 경우에는 성숙하고 지혜로운 특징과 연결짓고 바람직하지 않은 형태의 건강행동을 보이는 사람들의 경우에는 미성숙하고 어리석은 특징을 연결짓는 것이었다. 그 결과, 연구 참여자가 건강행동을 실천하는 것이 일반적인 일이라고 믿을수록 바람직하지 않은 형태의 건강행동을 보이는 사람들을 부정적으로 평가한 메시지에 의해 더 큰 영향을 받는 것으로 나타났다. 또 연구 참여자가 건강행동을 실천하는 것이 특별한 일이라고 믿을수록 바람직한 형태의 건강행동을 보이는 사람들을 긍정적으로 평가한 메시지에 의해 더 잘 설득되는 것으로 나타났다.

이러한 연구 결과들은 메시지 프레이밍 과정에서 수용자가 어떤 특성을 가지고 있는지를 고려하는 것이 매우 중요할 수 있음을 시사한

다. 그런데 문제는 메시지 프레이밍 과정에서 목표 대상이 개별 사안
들에 대해 구체적으로 어떤 믿음 그리고 어떤 가치관을 가지고 있는
지를 일일이 확인하는 것은 현실에서 쉽지 않을 뿐만 아니라 효율성이
떨어지는 일이 된다는 점이다. 따라서 메시지 프레이밍 과정에서 수
용자 특성을 고려할 때는 개별 사안에 대한 구체적인 태도를 확인하기
보다는 정신건강과 같은 상위의 특성에 초점을 맞추는 것이 효율적일
것으로 보인다.

(4) 메시지 프레이밍에서의 정신건강 기반 수용자 세분화 전략

앞서 소개한 고영건과 김진영(2009)의 연구에서는 메시지 프레이밍과
멘탈 휘트니스의 효과를 비교하는 과정에서 수용자 세분화의 개념을
활용하지 못했다. 그 연구에서는 메시지 프레이밍과 멘탈 휘트니스의
처치를 동시에 진행을 했을 뿐이었다. 하지만 TAAG(Staten, Birnbaum,
Jobe, & Elder, 2006)나 AHASP(Maibach, Maxfield, Ladin, & Slater,
1996)의 예에서 확인할 수 있듯이, 긍정적 정신건강 기반 정신건강 유
형을 활용한 수용자 세분화의 토대 위에 메시지 프레이밍 절차가 추가
될 경우 효과가 증폭될 수 있을 것으로 기대된다.

Keyes(2002, 2007)는 긍정적 정신건강의 개념을 바탕으로 정신건강
유형을 다음의 여섯 집단으로 재구성하였다. 이러한 수용자 세분화 정
보는 TAAG(Staten, Birnbaum, Jobe, & Elder, 2006)처럼, 메시지 프레
이밍을 통해 청소년들의 건강행동을 최적화하는 데 유용하게 활용될
수 있을 것으로 보인다.

● 플로리시

- 중간 수준 정신건강
- 정신적 쇠약
- 심리적 어려움과 플로리시 공존 집단
- 심리적 어려움을 겪는 중간 순준의 정신건강 집단
- 심리적 부적응을 겪는 정신적 쇠약 집단

예를 들면, 플로리시 집단의 경우에는 리더십, 사회적 성취 그리고 이타적 행동의 중요성을 부각시키는 형태로 메시지 프레이밍을 하는 것이 효과적일 수 있다. 특히 이 과정에서 한국인의 문화적 특성을 고려하는 것이 중요해 보인다. 예컨대, Nisbett(2003)의 주장대로 메시지 프레이밍 과정에서 직선적이고 인과론적인 형태의 설명방식보다는 순환론적이고 관계적 맥락을 중시하고 또 삼단논법에 대한 저항성이 낮은 점을 고려할 필요가 있다.

특히 이러한 절차는 청소년의 건강 문제뿐만 아니라 성인의 만성질환 예방을 위한 다양한 심리학적 개입과정에도 응용하는 것이 가능할 것으로 기대된다. 따라서 사용한 기법의 적용범위는 암에서부터 시작하여 금연 문제에 이르기까지 대단히 폭넓게 활용될 수 있다.

이런 점에서 본서는 건강행동을 위한 메시지 프레이밍 절차에 문화적인 재단 과정 및 멘탈 휘트니스 프로그램을 병합하는 모델을 제시함으로써 건강심리학 영역에서의 문화의 중요성 및 멘탈 휘트니스의 의의 그리고 메시지 프레이밍에 대한 주의를 새롭게 환기시킬 수 있을 것으로 기대된다.

6

청소년 건강행동의
최적화 전략의 사회적 의의

본 서에서는 메시지 프레이밍과 긍정적 정신건강 그리고 멘탈 휘트니스 긍정심리 프로그램을 활용해 청소년 건강행동의 최적화 전략을 제시하였다. 본서에서 제시한 청소년 건강행동의 최적화 전략은 다음의 세 가지였다.

첫째, 청소년의 정신건강 교양의 증진을 위해 행복 프로그램인 멘탈 휘트니스 긍정심리 프로그램을 진행하는 것이다. 둘째, 청소년의 건강행동을 증진하기 위한 메시지 프레이밍 과정에서 문화적인 재단을 진행하는 것이다. 특히 본서에서는 한국에 적합한 모델로 안정지향 획득 프레임과 안정지향 손실 프레임을 제시하였다. 셋째, 청소년의 건강행동을 증진하기 위한 메시지 프레이밍 과정에서 정신건강 기반 수용자 세분화 전략을 사용하는 것이다. 본서에서는 청소년의 정신건강 유형을 여섯 가지로 구분하였다. 플로리시 유형, 중간 수준 정신건강 유형, 정신적 쇠약 유형, 심리적 어려움과 플로리시 공존 유형, 심리적 어려움을 겪는 중간 수준의 정신건강 유형, 그리고 심리적 부적응을 겪는 정신적 쇠약 유형이다.

본서에서 제시된 청소년 건강행동의 최적화 전략은 청소년의 질병으로 인한 사회의 경제적 부담을 경감하는 데 기여할 뿐만 아니라, 질병에 대한 예방적 노력을 통해 청소년들의 삶의 질을 높이는 데도 크게 기여할 수 있을 것으로 기대된다. 본서의 사회적 의의는 다음과 같다.

1. 청소년 건강행동의 최적화 전략의 사회경제적 의의

한국보건사회연구원의 추계에 따르면, 우리나라 청소년들의 질병으로 인한 사회의 경제적 부담이 약 1조 8천억 원에 이르고 있다(정영호,

2002). 성인들의 질병 문제는 노화의 생물학적인 과정에 의한 불가항력적인 요소를 상당 부분 내포하고 있는 데 반해, 청소년들의 건강 문제는 심리적인 요인이 상대적으로 더 크기 때문에, 노력 여하에 따라 사전에 충분히 예방할 수 있는 측면이 많다. 실제로 청소년에 대한 건강심리학적인 개입 결과에 관한 연구들은 집중적이고 체계적인 노력을 통해 청소년의 건강을 실질적으로 향상시킬 수 있다는 점을 보여준다(예컨대, Dubbert, 2002). 그리고 경제적인 분석 또한 조기의 심리학적인 개입이 경제적인 부담을 크게 감소시킬 수 있다는 점을 보여주고 있다(Halfon & Inkelas, 2003). 이런 점에서 본서는 청소년의 질병으로 인한 사회의 경제적 부담을 경감하는 데 기여할 뿐만 아니라, 질병에 대한 예방적 노력을 통해 청소년들의 삶의 질을 높이는 데도 크게 기여할 수 있을 것으로 기대된다. 특히 청소년은 시간이 흐른 뒤에 자연스럽게 성인이 된다는 점을 고려해 보면, 청소년기의 정신건강 문제에 대한 사회적 개입의 의의는 매우 크다 하겠다.

최근 들어 전 세계적으로 정신질환으로 인한 사회 경제적 비용이 점차 증가하고 있는 것으로 보인다. 미국 한 국가에서만 정신문제로 인한 사회경제적 비용을 추산해 보면 2001년 기준 1,040억 달러에 달하는 것으로 나타났다(Cawthorpe et al., 2011) 우리나라의 경우, 정신건강의 사회 경제적인 비용은 2003년 건강보험 가입자 및 의료급여를 기준으로 계산한 결과, 약 3조 8,298억으로 추계되었다(김은주, 2006).

하지만 선행연구에서는 실제 측정 가능한 비용으로 정신질환의 무형비용, 외부비용 등을 포함하지 않으며 입원 및 외래진료 이후의 생산성 손실에 대한 고려가 부족하였다. 무엇보다도 정신질환의 경우 공식적인 의료기관 이용률이 낮을 수 있기 때문에 사회·경제 전반에 미

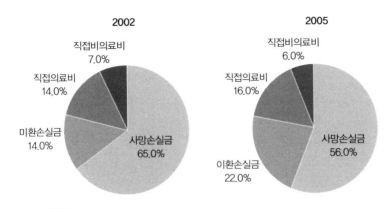

그림 6-1 암의 사회경제적 부담(보건복지부, 2012)

치는 심각성에 비해 그 영향력이 결과에 충분히 반영되지 못했을 가능성이 있다(김은주, 2006). 또 질병 중심의 정신질환 개념만으로는 넓은 범위의 심리사회적 혼란 징후들을 탐색하기에는 부족할 수 있다. 따라서 정신질환뿐만 아니라 정신질환을 예방하고 개인의 발전을 도모하며 사회적 조건을 향상시킬 수 있는 긍정적 정신건강의 개념을 고려해 볼 때, 정신건강 관련 사회경제적 비용의 규모는 더욱 확대될 가능성이 있다.

선행연구에서 이루어진 정신건강의 사회경제적 비용에 관한 추산 작업은 두 가지 관점으로 나눌 수 있다. 먼저 직접적인 정신적 문제상의 사회경제적 비용이다. 그리고 정신문제가 사회에 영향을 미치는 간접적인 비용이다.

김은주(2006)는 ICD-10(International Classification of Diseases, Tenth Edition)에 따른 정신 및 행동장애 범주를 통해 분류된 건강보험 및 의료급여 대상자를 중심으로 직접적인 정신문제의 사회경제적인 비용을 산출했다. 반면에 직접적인 정신질환에 속하는 것은 아니지만, 개인의 발전을 저해하고 사회적인 손실을 끼치는 정신적인 문제들도 존재할 수 있다. 이러한 요인들 역시 정신건강 관련 간접적인 사회경제적 비용이라 볼 수 있는데 여기에는 대표적으로 암과 자살 문제 등이 포함된다(고영건, 최기홍, 김진영, 2012).

통계청이 발표한 2011년 기준 한국인의 5대 주요 사인에서 암은 우리나라 국민의 사망 원인 1위로서 국민건강을 위협하고 있다. 특히 인구노령화 및 생활양식의 변화 등으로 암의 발생 및 암으로 인한 사망은 계속 증가할 것으로 전망된다(보건복지부, 2012; 그림 26과 27참조).

2005년 우리나라에서 암과 관련하여 부담하는 사회경제적 비용은 연 14.1조 원에 달하고 이 중 사망으로 인한 손실액은 7.4조 원(52.6%)으로 가장 많은 것으로 나타났다(김진희 외, 2009). 이에 우리나라에서는 1996년부터 '제1기 암 정복 10개년계획'을 수립하여 암 극복을 위한 인프라를 구축하였고 2006년부터는 '제2기 암 정복 10개년계획'을 수립하여 추진하고 있다(보건복지부, 2012).

또 OECD 회원국들 중에서 한국은 세계적으로 자살률 1위의 오명을 갖고 있기도 하다. 통계청(2011)에 따르면, 2010년 우리나라의 자살자 수는 15,566명으로 10년 전에 비해 2배 이상 증가한 것으로 나타났다. 특히 10대에서 30대까지는 자살이 사망 원인의 1위를 차지하였다. 그리고 10대 이후 전 연령층에서 자살률이 증가하고 있는 것으로 나타났다. 경제협력개발기구(OECD) 국가들에서의 자살률(OECD 표준인구 10만 명당)이 평균 11.3명인 데 반해 우리나라의 자살률은 28.1명으로 가장 높은 수준이었다. 자살자에 의한 내부적 비용과 자살자 가족에 의한 외부적 비용을 모두 합산하여 자살의 사회경제적 비용을 산출한 결과, 자살자의 조기사망 비용에 따른 비용은 약 3조 838억 원~3조

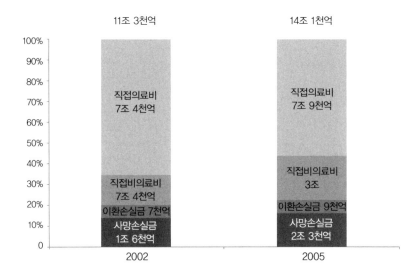

11조 3천억   14조 1천억

그림 6-2 암의 사회경제적 부담 변화 추이(보건복지부, 2012)

856억 원으로 추계되었다(보건복지부, 국립정신병원, 2005).

2. 청소년 건강행동의 최적화 전략의 행복도 측면에서의 의의

그림 6-3은 세계의 국가들을 행복한 정도에 따라 표시한 것이다. 그림에서 진한 색으로 표시된 국가일수록 행복 수준이 더 높다. 전체적으로 소득 수준이 높은 국가들이 대체로 행복도도 높은 것으로 보인다. 하지만 주의할 점이 있다. 남미의 국가들은 소득 수준이 높지 않음에도 불구하고 행복도는 높은 반면에, 한국과 일본 그리고 대만 등은 소득이 높음에도 불구하고 행복도는 상대적으로 높지 않다는 점이다.

세계행복지도는 적어도 지구상에는 행복한 국가와 불행한 국가가 모두 존재한다는 점을 보여준다. 하지만 행복한 국가와 불행한 국가의

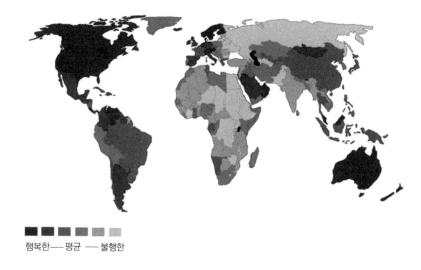

행복한─── 평균 ─── 불행한

그림 6-3 세계행복지도

차이가 꼭 소득이나 기후와 같은 단순한 차이에 의해서 결정되는 것은 아니다. 또 행복한 국가에서 생활한다고 해서 상대적으로 행복이 더 보장되는 것은 아니다. 예를 들면, 북미와 유럽의 국가들은 다른 지역 국가들에 비해 행복도가 더 높은 것이 사실이지만 우울증 환자의 수도 더 많다는 점이다. 따라서 이러한 결과는 개인의 행복이 단순히 어떤 곳에서 생활하는가에 의해서 결정되는 것이 아니라, 개인 내 심리적인 변인에 의해 더 크게 좌우될 수 있다는 점을 보여준다.

무엇보다 긍정적 정신건강 개념에 기초한 청소년 건강행동의 최적화 전략의 사회적 의의에서 가장 중요한 부분은 행복감 증진과 관계된다. 2012년 발표된 한국의 행복지수를 살펴보면, 63.2점(110점 만점)으로 OECD 36개 국가 중 24위에 머물고 있다(조연상, 2012). 행복지수를 구성하는 주요지표는 주거, 소득, 일자리, 공동체생활, 교육, 환경, 시민참여, 건강, 삶의 만족도, 안전, 일과 삶의 조화로 이루어져 있다. 이러한 결과는 한국의 객관적인 삶의 질이 경제적 성장 수준에 미치지 못하고 있음을 시사한다. 이러한 조건에서 긍정적 정신건강 개념에 기초한 청소년 건강행동의 최적화 전략은 한국 청소년의 행복도, 그리고 나아가 장기적으로는 한국인 전체의 행복도를 증진하는 데 기여할 수 있을 것으로 기대된다.

참고문헌

강둘순 (2008). 현실요법을 적용한 정신건강 증진 프로그램이 청소년의 우울과 자살생각에 미치는 영향. 경남대학교 박사학위 청구 논문.

강윤주, 홍창호, 홍영진 (1997). 서울시내 초·중·고 학생들의 최근 18년간 (1979-1996년) 비만도 변화 추이 및 비만아 증가 양상. 한국영양학회지, 제30(7), 832-839.

경찰청 (2009). 경찰청 통계자료. 서울: 경찰청.

고영건 (2015). 청소년을 위한 긍정적 정신건강 척도의 표준화 연구. 서울: 아산사회복지재단.

고영건, 김진영 (2012). 멘탈 휘트니스 긍정심리 프로그램. 서울: 학지사.

고영건, 김진영 (2013). 정신건강과 긍정심리 상담: 멘탈 휘트니스 프로그램. 정신건강과 상담. 서울: 학지사.

고영건, 김진영, 김경일 (2009). 메시지 프레이밍과 멘탈 휘트니스 기법을 활용한 청소년 건강행동의 최적화 전략. 한국건강 증진재단.

고영건, 안창일 (2007) 심리학적인 연금술. 서울: 시그마프레스.

고영건, 최기홍, 김진영 (2012). 건강 도시를 위한 긍정심리 기반 평가 지표 개발. 서울 : 경제·인문사회연구회.

고영미 (2010). 긍정심리학 기반의 행복 증진 집단상담 프로그램이 아동의 행복감과 우울에 미치는 영향. 서울교육대학교 교육대학원 석사학위 논문.

곽금주 (2008). 한국의 왕따와 예방프로그램. 한국심리학회지: 사회문제, 14(1), 255-272.

김망규 (2011). 긍정심리 집단상담 프로그램이 청소년의 자아존중감, 행복감 향상에 미치는 효과 검증: 감사, 칭찬을 중심으로. 고려대학교 교육대학원 석사학위논문.

김미정 (2009). 감사증진 프로그램이 중학생의 주관적 안녕감, 지각된 사회적 지지, 적응에 미치는 효과. 전남대학교 대학원 석사학위논문.

김성수, 김상현, 이상엽 (2005). 의료정보 이해 능력(Health Literacy): 한국형 측정도구 개발을 위한 예비연구. 보건교육 건강 증진학회지, 22(4), 215-227.

김수경 (2007). 청소년의 정신건강 증진을 위한 독서치료 프로그램: 교사용 독서치료 프로그램을 중심으로. 정보학회지 38(1), 277-298.

김순복 (2007). 낙관성 향상 프로그램이 초등학교 아동의 자아탄력성과 학교생활 만족도에 미치는 영향. 서울교육대학원 교육대학원. 석사학위논문.

김재희 (2010). 낙관성 향상 프로그램이 저학년 아동의 낙관성과 교우관계에 미치는 효과. 전남대학교 교육대학원 석사학위논문.

김진영, 고영건 (2009). 긍정 임상심리학: 멘탈 휘트니스(mental fitness)와 긍정 심리치료(positive psychotherapy). 한국심리학회지: 사회문제, 15(1), 75-88.

김진영, 고영건 (2011). 정신장애와 자살행동 간 관계에서 행복도의 조절효과. 한국심리학회지: 건강, 16(4), 827-835.

김진영, 고영건 (2013). 한국인의 정신건강 교양 함양을 위한 긍정심리학적 고찰. 인문사회과학연구, 40, 5-34.

김철환, 이영만, 김민정 (2008). 용서교육 프로그램이 집단따돌림 경험 아동의 보복심리와 용서 수준에 미치는 영향. 교육방법연구, 20(2), 109-125.

김현정 (2012). 긍정적 정신건강 모형의 타당화 연구. 고려대학교 박사학위 청구논문.

김희라 (2010). 개인 용서상담 프로그램이 위기청소년의 정신건강에 미치는 영향. 인제대학교 박사학위 청구 논문.

교육인적자원부 (2003). 2003청소년백서. 서울: 교육인적자원부.

교육인적자원부 (2004). 2004년 업무계획. 서울: 교육인적자원부.

김기헌, 오병돈, 이경숙 (2013). 청소년 자살예방 정책 연구. 서울: 한국청소년정책연구원.

김은주 (2006). 정신질환의 사회적 비용에 관한 연구. 서울대학교 보건대학원 박사학위청구논문.

김명식 (2003). 흡연 청소년을 위한 인지행동 금연 프로그램과 행동주의 금연 프로그램의 효과 비교 연구. 고려대학교 박사학위논문.

김진희, 황명일, 박은철, 박재현, 박종혁, 김성은, 김성경 (2009). 2005년 암의 경제적 비용부담 추계. 예방의학회지, 42, 3.

김혜련, 서상훈, 김어지나, 이정원 (2009). 아동·청소년 대상 국가 비만사업의 연계 운영 및 활성화 방안 연구. 서울: 한국보건사회연구원.

김태승 (2011). 긍정심리 집단상담 프로그램이 초등학교 고학년 학생의 시험불안 및 학습동기에 미치는 효과 검증: 초등학교 6학년 학생을 중심으로. 고려대학교 교육대학원 석사학위논문.

남미애 (1998). 여성가출 청소년의 심리사회적 문제에 관한 연구. 청소년학 연구, 5(3), 63-90.

류경희 (2001). 흡연청소년을 위한 금연프로그램 개발과 평가. 생활과학연구, 5, 1-18.

문형남, 홍수정, 서성제 (1992). 서울지역의 학동기 소아 및 청소년의 비만증 이환율 조사. 한국영양학회지, 25, 413-418.

박경자 (2001). 초등학교 고학년 아동들의 비만원인분석에 관한 연구. 한국여성체육학회지, 15(1), 57-67.

박동혁 (2007). 예방과 촉진을 위한 청소년 정신건강 모형의 탐색. 아주대학교 박사학위 논문.

박성희, 김진영 (2012). 긍정심리 상담 및 치료의 현재와 미래 : 아동 및 청소년 대상 연구를 중심으로. 한국심리치료학회지, 4(1), 61-77.

배동희 (2002). 금연프로그램이 흡연지식, 태도 및 흡연량에 미치는 효과. 강원대학교 교육대학원. 석사학위논문.

백순복 (2010). 긍정심리적 집단상담의 효과 검증: 긍정심리 및 자아탄력성 특성 기준에 따른 학교생활적응력 및 대인관계능력 향상 효과를 중심으로. 고려대학교 교육대학원. 석사학위논문.

박유식, 정종수 (2003). 환경보전 공익광고에서 소구방향, 관여도, 자기검색도가 광고효과에 미치는 영향. 산업과경영, 16(1), 105-123.

박일홍 (2009). 낙관성 훈련 프로그램이 초등학생의 낙관성 및 정신건강 증진에 미치는 효과. 계명대학교 석사학위 청구 논문.

백설향 (2008). 신체활동이 소아비만에 미치는 영향. 대한비만학회지, 17(2), 55-64.

백혜정, 방은령 (2009). 청소년 가출 현황과 문제점 및 대책 연구. 서울: 한국청소년정책연구원.

백혜진, 이혜규 (2013). 헬스 커뮤니케이션의 메시지·수용자·미디어 전략. 서울: 커뮤니케이션 북스.

백희영 (2000). 우리나라 청소년의 지방 및 콜레스테롤 섭취량 감소 방안과 영양교육자료 개발. 건강 증진기금 사업지원단 연구보고서. 서울: 보건복지부.

보건복지가족부 (2009). 한국 아동청소년 종합실태조사. 서울: 보건복지가족부.

보건복지부 (2011). 제3차 국민건강 증진종합계획(2011~2020). 서울: 보건복지가족부.

보건복지부 (2012). 통계로 본 암 현황. 서울: 보건복지가족부.

보건복지부, 국립서울병원 (2005). 우리나라 자살의 사회·경제적 비용부담에 관한 연구. 서울: 보건복지가족부.

서경현, 전겸구 (2000). 금연프로그램에 참여한 청소년들의 분노와 흡연행동의 변화. 한국심리학회지: 건강, 5(2), 223-237.

서윤주 (2010). 낙관성 증진 프로그램이 여중생의 낙관성과 심리적 안녕감 및 우울에 미치는 효과. 전남대학교 교육대학원 석사학위논문.

손희정 (2012). 긍정 심리 집단상담이 초등학생의 자기 주도적 학습능력과 학업성취도에 미치는 영향. 고려대학교 교육대학원 석사학위논문.

신성례 (1997). 흡연청소년들을 위한 자기조절효능감증진 프로그램 개발과 효과에 관한 연구. 이화여자 대학교대학원 간호학 박사학위 논문.

신성해 (2003). 낙관성 훈련이 초등학교 6학년 아동의 자아개념에 미치는 영향. 신라대학교 교육대학원. 석사학위논문.

신현숙(2009). 감사 증진 프로그램이 중학생의 주관적 안녕감과 지각된 사회적 지지에 미치는 영향. 청소년학연구, 16(1), 205-224.

양윤, 백미희 (2009). 공포소구와 결합된 자기 책임성 정서와 자기 효능감이 금연의도에 미치는 영향. 광고학연구, 20(4), 207-218.

여성가족부 (2011). 한국청소년상담원 상담통계. 서울: 여성가족부.

여성가족부 (2012). 청소년 유해환경 접촉 종합 실태조사. 서울: 여성가족부.

여성가족부, 통계청 (2013). 2013 청소년 통계. 여성가족부 및 통계청.

오상우 (2008). 어린이 비만예방과 건강한 먹을거리. 어린이 비만예방 및 바른 영양 실천방안 심포지엄. 오송: 식품의약품안전청.

오의금 (2005). 근거기반간호: 이론; 근거기반 간호실무 활성화를 위한 전략 방안, 간호학탐구, 13(2), 23-37.

유선욱, 박계현, 나은영 (2009). 신종플루 메시지에 대한 심리적 반발과 공포감이 행동 의도에 미치는 영향. 한국헬스커뮤니케이션학회 정기학술대회 자료집.

유은영 (2010). 긍정 심리치료 프로그램이 우울 경향이 있는 청소년의 행복감, 낙관성, 무망감 및 우울에 미치는 효과. 전북대학교 대학원. 석사학위논문.

윤현영, 권선중, 황동아 (2007). 청소년쉼터에 입소한 가출 청소년 건강실태 조사연구. 서울: 국가청소년위원회.

이명자, 류정희 (2008). 완전한 정신건강모형 검증. 교육연구, 31, 47-68.

이명천, 나정희, 김지혜 (2006). 흡연 여부와 메시지 프레이밍에 따른 금연광고 효과 연구. 한국광고홍보학보, 8(3), 210-226.

이범수 (2009). 초등학생 용서 프로그램의 효과연구. 상담학연구, 10(3), 1683-1696.

이봉조, 구미옥 (2009). 당뇨교육에서 긍정적 메시지와 부정적 메시지의 효과 비교. 대한당뇨병학회지, 33(4), 344-352.

이선화 (2007). 낙관성 증진 프로그램이 초등학생의 주관적 안녕감과 학교 적응유연성에 미치는 효과. 서울교육대학교 교육대학원.

이성훈 (2010). 긍정심리치료에 근거한 집단상담이 청소년의 자아탄력성, 학교생활적응력 및 심리적 안녕감에 미치는 효과. 경성대학교 일반대학원 석사학위논문.

이재숙 (2011). 낙관성 향상 프로그램이 초등학생의 자기효능감과 또래간 갈등해결전략에 미치는 영향. 충북대학교 교육대학원. 석사학위논문.

이종민, 류춘렬, 박상희 (2007). 광고 메시지 프레이밍 효과에 관한 연구. 한국언론학보, 51(3), 282-307.

이지선 (2012). 대장암 수검 대상자에서 이득 및 손실메시지 프레이밍에 따른 건강신념 및 조기검진이행 효과. 연세대학교 석사학위 청구 논문.

이진복, 이정오, 김성원, 강재헌, 양윤준 (2000). 서울 시내 일부 초등학교 아동에서 비만의 유병률 및 위험요인, 가정의학회지, 21(7), 866-875.

이진희, 도선재 (2008). 위협소구 강도에 따른 공익광고의 효과: 낙관적 편견의 조절효과를 중심으로. 광고학연구, 19(6), 243-257.

이현우 (2003). 프레이밍 이론의 공공캠페인 적용가능성에 대한 탐색적 연구. 동의논집, 39, 821-839.

이혜경, 조미경 (2010). 청소년 건강 증진 프로그램 개발 연구. 여성건강: 다학제적 접근 11(2), 73-91.

임소연 (1996). 흡연교육프로그램이 흡연행동에 미치는 효과. 제주대학교 교육대학원 석사학위논문.

임영진, 고영건, 신희천, 김용래 (2010). 특별 심포지엄: 한국인의 행복

및 정신건강 지수: 한국인의 정신건강. 한국심리학회 연차학술발표대회 논문집 (pp. 233-257). 8월 20일. 서울: 서울대학교 멀티미디어 83동.

임은선 (2010). 5&6 금연프로그램과 5일 교실 금연프로그램의 청소년 금연효과. 보건교육 · 건강 증진학회지, 27(2), 95-108.

임희진, 박형란, 구현경 (2009). 아동 · 청소년 비만 실태 및 정책방안 연구. 서울: 한국청소년정책연구원.

장선숙, 김향숙, 홍상황 (2005). 초등학생용 교우관계 용서프로그램의 효과검증. 한국심리학회지, 2(2),199-220.

장옥란 (2006). 낙관성 증진 집단상담이 중학생의 낙관성, 대인관계 및 학교적응유연성에 미치는 효과. 경성대학교 교육대학원. 석사학위논문.

정영애 (2010). 낙관성 향상 프로그램이 초등학생의 낙관성, 주관적 안녕감 및 스트레스 대처능력에 미치는 효과. 충남대학교 교육대학원. 석사학위논문.

정영호 (2002). 사고사로 인한 손실소득액 추계: 2000년. 서울: 한국보건사회연구원.

정종은 (1998). 인지-행동적 상담프로그램이 여중생의 흡연행동에 미치는 효과. 공주대학교 석사학위논문.

조규범, 박순복, 박상철, 이동환, 이상주, 서성제 (1989). 학동기 및 청소 소아의 비만도 조사. 소아과, 32(5), 597-604.

조재운, 박보영 (2001). 사전지식과 메시지 프레이밍이 소비자 의사결정에 미치는 영향에 관한 연구. 마케팅 연구, 16(2), 1-15.

조연상 (2012). 행복지수와 한국 재정정책 방향-행복한 나라 만들기. 재정정책논집, 14(4), 3-30.

조현진 (2003). 마음챙김명상이 흡연중학생의 금연과 심리적 특성에 미치는 효과. 덕성여자대학교 대학원 석사학위 청구논문.

조형오 (2000). 금연 광고 메시지 유형의 효과분석: 메시지 프레이밍과 메시지 소구방향의 매개역할. 광고학연구, 11(1), 133-157.

조형오 (2005). 조기암검진권장을 위한 메시지 세분화전략. 한국광고홍보학보, 7(2), 183-219.

조형오, 김병희 (1999). 금연광고 메시지가 대학생 흡연태도에 미치는 영향: 개인적 특성과 메시지 프레이밍의 매개역할을 중심으로. 광고연구, 45, 25-50.

조형오, 김병희 (2000). 비만예방 광고의 메시지 유형별 설득효과 차이 분석. 광고학연구, 11(4), 165-185.

조형오, 이현세, 윤수윤 (1999). 자궁암 검진광고의 메시지 프레이밍 효과분석: 사전 건강신념과 메시지 프레이밍 기대수준의 매개역할. 광고학 연구, 10(3), 123-148.

진재현, 고혜연 (2013). OECD 국가와 비교한 한국의 인구집단별 자살률 동향과 정책 제언. 보건복지포럼, 195, 141-154.

질병관리본부 (2012). 제7차 청소년건강행태온라인조사 통계. 오송: 질병관리본부.

질병관리본부 (2013). 제8차 청소년건강행태온라인조사 통계. 오송: 질병관리본부.

청소년보호위원회 (2000). 청소년 흡연실태 및 금연의 해 추진 전략에 관한 연구. 청소년 보호 2000-51. 서울: 청소년보호위원회.

청소년보호위원회 (2002). 청소년 유해환경접촉 종합실태 발표 및 토론회 자료집. 서울: 은행회관.

청소년보호위원회 (2007). 가출 청소년 건강실태조사연구. 서울: 청소년

보호위원회.

최슬기, 박상민, 정효지 (2009). 북한이탈 청소년을 위한 통합적 건강
증진 프로그램 개발. 한국학교보건학회지, 22(1), 73-83.

최우경 (2009). 낙관성 증진 프로그램이 전문계 고등학생의 낙관성과 대인
관계에 미치는 효과. 경북대학교 대학원. 석사학위논문.

최은정 (2010). 정신건강 취약 청소년을 위한 대인적 돌봄 프로그램 개발
및 효과. 고신대학교 박사학위 청구 논문.

최은정, 이영은 (2010). 정신건강 취약 청소년을 위한 대인적 돌봄 프
로그램 개발 및 효과 연구. Journal of Korean Academy of
Child Health Nursing 16(3), 184-194.

통계청 (2011). 2010 census 인구주택총조사. 대전: 통계청.

통계청 (2000~2013). 사망원인통계. 대전: 통계청.

한국건강 증진재단 (2013). 한국건강 증진재단 보도자료(2013. 9. 10).
서울: 한국건강 증진재단.

한국경제(2003. 7. 7). 청소년 17%, 성 경험 있다. 소년자원보호자協조사.
서울: 한국경제신문사.

홍강의, 정도언 (1982). 사회재적응평가 척도제작. 신경정신의학 20,
62-77.

한성현 (2000). 청소년의 음주 및 약물남용실태와 관련 요인분석. 건강 증
진기금 사업지원단 연구보고서. 서울: 보건복지부.

황효정, 김교헌 (1999) 인지-행동 프로그램과 명상훈련 프로그램이 여
중생의 신체상 불만족과 폭식의 개선 및 체중감소에 미치는 효과. 한
국심리학회지: 건강, 4(1), 140-154.

Andreasen, A. R. (1995). *Marketing social change: Changing behaviour to promote health, social development, and the environment.* San Francisco, CA: Jossey−Bass

Apanovitch, A. M., McCarthy, D., & Salovey, P (2003). Using message framing to motivate HIV testing among low-income, ethnic minority women. *Health Psychology, 22*, 60−67.

Bagozzi, R. P., & Moore, D. J. (1994). Public service advertisements: Emotions and empathy guide prosocial behavior. *Journal of Marketing, 58,* 56−70.

Baker, D. W. (2006). The meaning and the measure of health literacy. *Journal of General Internal Medicine, 21*, 878−883.

Baker, D. W., Williams, M. V., Parker, R. M., Gazmararian, J. N., & Nurss, J. (1999). Development of a brief test to measure functional health literacy. *Patient Education and Counseling, 38*, 33−42.

Banks, S. M., Salovey, P., Greener, S., Rothman, A. J., Moyer, A., Beauvais, J., & Epel, E. (1995). The effects of message framing on mammography utilization. *Health Psychology, 14*, 178−184.

Bartels, R. D., Elo, L., Rothman, A. J. (2004, May). An analysis of how construal of inoculation interacts with message-based framing appeals. *Paper presented at the annual meeting of the American Psychological Society*, Chicago, IL.

Basil, D. Z., Ridgway, N. M., & Basil, M. D. (2006). Guilt appeals: The mediating effect of responsibility. *Psychology and Marketing, 23*, 1035−1054.

Biener, L., Ming, J., Gilpin, E. A., & Albers, A. B. (2004). The impact of emotional tone, message, and broadcast parameters in youth anti-smoking advertisements. *Journal of Health Communication, 9*, 259−274.

Blanton, H., Stuart, A. E., & van den Eijnden, R. J. J. M. (2001). An introduction to deviance-regulation theory: The effect of behavioral norms on message framing. *Personality and Social Psychology Bulletin, 27*, 848 − 858.

Blanton, H., van den Eijnden, R. J. J. M., Buunk, B. P., Gibbons, F. X., Gerrard, M. & Bakker, A. B. (2001). Accentuate the negative: social images in the prediction and promotion of condom use. *Journal of Applied Social Psychology, 31*, 274–295.

Bolier L1, Haverman M, Westerhof GJ, Riper H, Smit F, & Bohlmeijer E. (2013). Positive psychology interventions: a meta-analysis of randomized controlled stuies. *BMC Public Health, 13(1)*, 119.

Bond, M., Leung, K., & Wan, K.-C. (1982). The social impact of self-effacing attributions: The Chinese case. *Journal of Social Psychology, 118*, 157–166.

Boomerang Ads. (2005). *Drug and Alcohol Findings, 14*, 22–24.

Borsari, B., & Carey, K. B. (2003). Descriptive and injunctive norms in college drinking: A meta-analytic integration. *Journal of Studies on Alcohol, 64*, 331–341.

Brickner, P., Lawton, A., & Philliber, S. (1987). Teenagers' perceived and actual probabilities of pregnancy. *Adolescence, 22*, 475–485.

Brunwasser, Steven M., Gillham, Jane E., & Kim, Eric S. (2009). A meta-analytic review of the Penn Resiliency Program's effect on depressive symptoms. *Journal of Consulting and Clinical Psychology, 77*, 1042–1054.

Buchholz, W. M. (1988). The medical uses of hope. *The Western Journal of Medicine, 148*, 69–69.

Cacioppo, J. T., Petty, R. E., & Morris, K. J. (1983). Effects of need for cognition on message evaluation, recall, and persuasion. *Journal of Personality and Social Psychology, 45*, 805–818.

Cawthorpe, D., Wilkes, T. C., Guyn, L., Li, B., & Lu, M. (2011). Association of mental health with health care use and cost: a population study. *Canadian Journal of psychiatry, 56(8)*, 490–494.

Chassin, L., Presson, C., Rose, J., & Sherman, S. J. (1996). The natural history of cigarette smoking from adolescence to adulthood: Demographic predictors of continuity and change. *Health Psychology, 9*, 701–716.

Choi, I., Nisbett, R. E., & Smith, E. E. (1997). Culture, categorization and inductive reasoning. *Cognition, 65,* 15−32.

Cialdini, R. B., & Trost, M. (1998). *Social Influence: Social norms, conformity, and compliance.* In D. Gilbert, S. Fiske, & G. Lindzey(Eds.), The handbook of social psychology(4th ed., pp.151−192). New York, NY: Oxford University Press.

Cohen, R. Y., Brownell, K. D., & Felix, M. R. J. (1990). Age and sex differences in health habits and beliefs of schoolchildren. *Health Psychology, 9,* 208 − 224.

Compton, W. C. (2005). *An introduction to positive psychology.* Stanford, CT; Thomson.

Coulter, R. H., & Pinto, M. B. (1995). Guilt appeals in advertising: What are their effects? *Journal of Applied Psychology, 80,* 697−705.

Crum, A. J., & Langer, E. J. (2007). Mind-set matters: Exercise and the placebo effect. *Psychological Science 18,* 165−171.

Cutuli, J. J., Chaplin, T. M., Gilham, J. E., Reivich, K. J., & Seligman, M. E. P. (2006) Preventing co-occurring depression symptoms in adolescents with conduct problems : The Penn Resilency Program. *New York Academy of Sciences, 1094,* 282−86.

Davidson, K. W., Mostofsky, E., & Whang, W. (2010). Don't worry, be happy: Positive affect and reduced 10-year incident coronary heart disease: The Canadian Nova Scotia Health Survey. *European Heart Journal, 31,* 1065 − 1070.

Davis, T. C., Long, S. W., Jackson, R. H., Mayeaux, E. J., George, R. B., Murphy, P. W., & Crouch, M. A. (1993). Rapid estimate of adult literacy in medicine: A shortened screening instrument. *Family Medicine, 25,* 391−395.

Detweiler, J. B., Bedell, B. T., Salovey, P., Pronin, E., & Rothman, A. J. (1999). Message framing and sunscreen use: Gain-framed messages motivate beach-goers. *Health psychology, 18,* 189−196.

Devins, G. M., Mann, J., Mandin, H., Paul, L. C., Hons, R. B.,

Burgess, E. D., Taub, K., Schorr, S., Letourneau, P. K., & Buckle, S. (1990). Psychosocial predictors of survival in end-stage renal disease. *Journal of Nervous and Mental Disease, 178*, 127 – 133.

Diener, E. (1984). "Subjective well-being", *Psychological Bulletin, 95*, 542 – 575.

Diener, E. (2000). Subjective well-being: The science of happiness, and a proposal for a national index. *American Psychologist, 55*, 34–43.

Diener, E., & Biswas-Diener, R. (2008). *Happiness: Unlocking the mysteries of psychological wealth*. Malden, MA: Blackwell Publishing.

Diener, E., & Chan, M. Y. (2011). Happy people live longer: Subjective well-being contributes to health and longevity. *Applied Psychology: Health and Well – being, 3*, 1 – 43.

Diener, E., Wirtz, D., & Oishi, S. (2001). End effects of rated life quality: The James Dean effect. *Psychological Science, 12*, 124.

Donaldson, S. I., Piccinin, A. M., Graham, J. W., & Hansen, W. B. (1995). Resistance-Skills Training and Onset of Alcohol Use: Evidence for Beneficial and Potentially Harmful Effects in Public Schoos and in Private Catholic Schools. *Health Psychology, 14*, 291–300.

Dubbert, P. M. (2002). Physical activity and exercise: Recent advances and current challenges. *Journal of Consulting and Clinical Psychology, 70*, 526–536.

Eaton D. K. et al. (2010). Youth Risk Behavior Surveilance-United States, *2009 Morbidity and Mortality Weekly Report 59* (SS–5).

Educational Testing Service. (2006). Test content for health activities literacy tests. Available at: http://www.ets.org/etsliteracy/

Epstein, L. H., Saelens, B. E., Myers, M. D., & Vito, D. (1997). Effects of Decreasing Sedentary Behaviors on Activity Choice in Obese Children. *Health Psychology, 16(2)*, 107–113.

Epsein, L. H., Saelens, B. E., & O'Brien, J. G. (1995). Effects of reinforcing increase in active versus decrease in sedentary behavior for obese children. *International Journal of Behavioral Medicine, 2(1)*, 41–50.

Epstein, L. H., Wing, R. R., Koeske, R., & Valoski, A. (1985). A comparison of lifestyle exercise, aerobic exercise and calisthenics on weight loss in obese children. *Behavior Therapy, 16*, 345−356.

Evans, W., Price, S., & Blahut, S. (2005). Evaluating the truth brand. *Journal of Health Communication, 10*, 181−192.

Eysenbach, G., & Köhler, C. (2002). How do consumers search for and appraise health information on the world wide web? Qualitative study using focus groups, usability tests, and in-depth interviews. *British Medical Journal, 324*, 573−577.

Fischoff, B., & MacGregor, D. (1983). Judged lethality: how much people seem to know depends upon how they are asked. *Risk Analysis, 3*, 229.

Frankl, V. (1969). *The will to meaning*. New York: An Anal Book.

Frisch, M. B., Cornell, J., Villanueva, M., & Retzlaff, P. J. (1992). Clinical validation of the quality of life inventory: A measure of life satisfaction for use in treatment planning and outcome assessment. *Psychological Assessment, 4*, 92−101.

Gable, S., Reis, H., Impet,. E., & Asher, A. (2004). What do you do when things go right? The intrapersonal and interpersonal benefits of sharing positive events. *Journal of Personality and Social Psychology, 87*, 228 − 245.

Gallagher, K. M., Updegraff, J. A., Rothman, A. J., & Sims, L. (2011). Perceived Susceptibility to Breast Cancer Moderates the Effect of Gain- and Loss-Framed Messages on Use of Screening Mammography. *Health Psychology, 30*, 145−152.

Garfield, S. L. (1980). *Psychotherapy: An eclectic approach*. New York: Wiley.

Grant, A. M. (2011). Positive psychology: Making Australia happy? *InPsyc, April*, http://www.psychology.org.au/publications/inpsych/2011/april/grant/

Grant, A. M. & Leigh A. (2010) *Eight steps to happiness: The science of getting happy and how it can work for you Melbourne.* Melbourne University Press.

Greene, R. L.(1991). *The MMPI-2/MMPI : An Interpretative Manual.* Massachusetts : Allyn and Bacon.

Guo, S. S., & Chumlea, W. C. (1999). Tracking of body mass index in dhildren in relation to overweight in adulthood. *American Journal of Clinical Nutrition, 70,* 145S-148S.

Gurm, H. S., & Litaker, D. G. (2000). Framing procedural risks to patients: Is 99% safe the same as a risk of 1 in 100? *Academic Medicine, 75,* 850-852.

Hales, R. E., & Yudofsky, S. C. (2003). *The American Psychiatric Publishing textbook of clinical psychiatry* (4th ed.; p1459-1463). American Psychiatric Press.

Halfon, N., & Inkelas, M. (2003). Optimizing the health and development of children. *Journal of American Medical Association, 290,* 3136-3138.

Halpern-Felsher, B. L., Biehl, M., Kropp, R. Y., & Rubinstein, M. L. (2004). Perceived risks and benefits of smoking: Differences among adolescents with different smoking experiences and intentions. *Preventive Medicine, 39,* 559-567.

Halvorson, H. G., & Higgins, E. T. (2013). *Focus: Use different ways of seeing the world for success and influence.* New York: Penguin Group.

Heath, C., & Heath, D. (2010). *Switch: How to change things when change is hard.* New York, NY: Random House

Hill, R. P. (1998). An exploration of the relationship between AIDS-related anxiety and the evaluation of condom advertisements. *Journal of Advertising, 17(4),* 35-42.

Hoffman, M. L. (1984). Interaction of affect and cognition in empathy. In C. E. Izard, J. Kagan, & R. B. Zajone(Eds.), *Emotions, cognitions, and behavior* (pp.103-131). Cambridge, UK: Cambridge University Press.

Hofstede, G. H. (2001). *Culture's consequences: Comparing values, behaviors, institutions, and organizations across nations.* London: Thousands Oaks.

Hoggard, L. (2007). How to be happy: Lessons from making Slough happy. London: BBC Books.

Holden, E. W., & Nitz, K. (1995). Epidemiology of adolescent health disorders. In J. L. Wallander & L. J. Siegel (Eds.), *Adolescent health problems: Behavioral perspectives* (pp. 7-21). New York: Guilford Press.

Holmes, T. H., & Rahe, R. H. (1967). The Social readjustment rating scale. *Journal of Psychosomatic Research. 11,* 213-218.

Horowitz, I. A. (1969). Effects of volunteering, fear arousal, and number of communications on attitude change. *Journal of Personality and Social Psychology, 11,* 34-77.

Horowitz, I. A. (1972). Attitude change as a function of perceived arousal. *Journal of Social Psychology, 87,* 117-126.

Huppert, F. A., & So, T. C. (2009). What percentage of people in Europe are flourishing and what characterises them?. Paper prepared for the OECD/ISQOLS meeting, *Measuring subjective well-being: An opportunity for NSOs,* Florence, July 23-24.

Jahoda, M. (1958). *Current concepts of positive mental health.* New York: Basic Books.

Jorm A. F. (2000). Mental health literacy Public knowledge and beliefs about mental disorders, *The British Journal of Psychiatry, 177,* 396-401.

Jorm A. F., Korten A. E., Jacomb P. A., Christensen H., Rodgers B., & Pollitt, P. (1997). Mental health literacy: A survey of the public's ability to recognise mental disorders and their beliefs about the effectiveness of treatment. *Medical Journal of Australia, 166,* 182-186.

Jung, C .G. (1989). *Memories, dreams, reflections* (A. Jaffé Ed.; Richard & C. Winston Trans.). New York: Vintage Books. (Original work published 1961)

Juster, F. T. (1985). Preferences for work and leisure. In F. T. Juster & F. P. Stafford(eds.), *Tmie, goods, and well-being* (pp. 397-414). Ann

Arbor: Institute for Social Research.

Kahneman, D. (2000). Choices, values, and frames. In D. Kahneman, & A. Tversky (Eds.), *Experienced utility and objective happiness* (pp. 673–692). New York: Cambridge University Press.

Kahneman, D. (2011). *Thinking fast and slow*. New York: Farrar, Straus and Giroux.

Kahneman, D., Fredrickson, B. L., Schreiber, C. A., & Redelmeier, D. A. (1993). When more pain is preferred to less: Adding a better end. *Psychological Science, 4,* 401–405.

Kahneman, D., Krueger, A. B., Schkade, D. A., Schwarz, N., & Stone, A. A. (2006). Would you be happier if you were richer? A focusing illusion. *Science, 312,* 1908–1910.

Kahneman, D., & Tversky, A. (1979). Prospect theory: An analysis of decision under risk. *Econometrica, 47,* 263–291.

Kahneman, D., & Tversky, A. (1982, January). The psychology of preferences. *Scientific American, 247,* 160–173.

Kahneman, D., & Tversky, A. (1984). Choices, values, and frames. *American Psychologist, 39,* 341–350.

Kawamoto, R., & Doi, T. (2002). Self-reported functional ability predicts three-year mobility and mortality in community–dwelling older persons. *Geriatrics and Gerontology International, 2,* 68–74.

Kazdin, A. E. (1993). Adolescent mental health: Prevention and treatment programs. *American Psychologist, 48(2),* 127–141.

Kelly, K. M., & Rothman, A. J. (2001). *Screening for health and illness: An analysis of how and when message frames impact behavioral decision-making.* Unpublished manuscript, University of Minnesota, Minneapolis, MN.

Kennedy, J. (2004). Swarm intelligence. In A. Zomaya (Ed.), *Handbook of Innovative Computational Paradigms: Biological and Adaptive Computing* (187–220). New York: Springer-Verlag.

Keyes, C. L. M. (1998). Social well-being. *Social Psychology Quarterly, 61,* 121–140.

Keyes, C. L. M. (2001). Definition of Mental Disorders. Pp. 373−376 in *The Encyclopedia of Criminology and Deviant Behavior,* Vol.4, edited by C. E. Faupel and P. M. Roman. London: Taylor and Francis.

Keyes, C. L. M. (2002). The mental health continuum: From languishing to flourishing in life. *Journal of Health and Social Behavior, 43,* 207−222.

Keyes, C. L. M. (2003). Complete mental health: An agenda for the 21st century. In C. L. M. Keyes & J. Haidt (Eds.), *Flourishing: Positive psychology and the life well-lived* (pp. 293−312). Washington, DC: American Psychological Association.

Keyes, C. L. M. (2004). The nexus of cardiovascular disease and depression revisited: The complete mental health perspective and the moderating role of age and gender. *Aging and Mental Health, 8,* 266−274.

Keyes, C. L. M. (2005a). Chronic physical conditions and aging: is mental health a potential protective factor? *Aging International, 30,* 88−104.

Keyes, C. L. M. (2005b). Mental illness and/or mental health? Investigating axioms of the complete state model of health. *Journal of Consulting and Clinical Psychology, 73,* 539−548.

Keyes, C. L. M. (2007). Promoting and protecting mental health as flourishing: A complementary strategy for improving national mental health. *American Psychologist, 62,* 95−108.

Keyes, C. L. M., & Grzywacz, J. G. (2005). Health as a complete state: The added value in work performance and healthcare costs. *Journal of Occupational and Environmental Medicine, 47,* 523−532.

Keyes, C. L. M., & Lopez, S. J. (2002). Toward a science of mental health: positive directions in diagnosis and intervention. In C. R. Snyder & S. J. Lopez(Eds.), *Handbook of Positive Psychology.* New York: Oxford University Press.

Keyes, C. L. M., Wissing, C., Potgieter, J. P., Temane, M., Kruger, A., & van Rooy, S. (2008). Evaluation of the Mental Health Continuum Short Form (MHC−SF) in Setswana Speaking in South Africans.

Clinical Psychology and Psychotherapy, 15, 181 – 192.

Keyes, C., Dhingra, S., & Simoes, E. (2010). Change in level of positive mental health as a predictor of future risk of mental illness. American *Journal of Public Health, 100,* 2366–2371.

Kibby, M. Y. (1998) Effectiveness of psychological intervention for children and adolescents with chronic medical illness: A meta-analysis. *Clinical Psychology Review, 18,* 103–117.

Kiesler, D. J. (1966). Some myths of psychotherapy research and the search for a paradigm, *Psychological Bulletin, 65,* 110 – 136.

Kim, Y. J. (2006). The role of regulatory focus in message framing in antismoking advertisements for adolescents. *Journal of Advertising, 35(10),* 143–151.

Klein, G., (2004). *The power of intuition: How to use your gut feelings to make better decisions at work.* New York: Currency.

Knutson, A. (1963). New perspectives regarding positive mental health, *American Psychologist, 18,* 300–306.

Koivumaa-Honkanen, H., Honkanen, R., Viinamaki, H., Heikkila, K., Kaprio, J. & Koskenvuo, M. (2000). Self-reported life satisfaction and 20-year mortality in healthy Finnish adults. *American Journal of Epidemiology, 152,* 983 – 991.

Kotler, P., & Roberto, E. L. (1989). *Social Marketing.* New York: The Free Press.

Laimer, M. E., & Neighbors, C. (2003). Normative misperception and the impact of descriptive and injunctive norms on college student gambling. *Psychology of Addiction Behaviors, 17,* 225–243.

Lalor, K. M., & Hailey, B. J. (1990). The effects of message framing and feeling of susceptibility to breast cancer on reported frequency of breast self-examination. *International Quarterly of Community Health Education, 10,* 183–192.

Lauver, D., & Rubin, M. (1990). Message framing, dispositional optimism, and follow-up for abnormal Papanicolaou tests. *Research in*

Nursing and Health, 13, 109-207.

Lavigne, J. V., & Faier-Routman, J. (1992). Psychological adjustment to pediatric physical disorders: A meta-analytic review. *Journal of Pediatric Psychology, 17,* 133 - 157.

Lee, A., & Aaker, J. (2004). Bringing the frame into focus: The influence of regulatory fit on processing fluency and persuasion. *Journal of Personality and Social Psychology, 86,* 205-218.

Lerman, C., Ross, E., Boyce, A., Gorchov, P.M., McLaughlin, R., Rimer, B., & Engstrom, P. (1992). The impact of mailing psychoeducational materials to women with abnormal mammograms. *American Journal of Public Health, 82,* 729-730.

Lubinsky, D., & Benbow, C.(2000). States of excellence. *American Psychologist, 55,* 137-150.

Manganello, J. (2008). Health literacy and adolescents: A framework and agenda for future research. *Health Education Research, 23,* 840-847.

Maibach, E. W., Maxfield, A., Ladin, K., & Slater, M. (1996). Translating health psychology into effective health communication: the american healthstyles audience segmentation project. *Journal of Health Psychology, 1,* 261-77.

Markus, H. R., & Kitayama, S. (1991). Culture and Self: Implication for cognition, and motivation. *Psychological Review, 98,* 224-253.

Martin, S. J., Goldstein, N. J., & Cialdini, R. B. (2014). *The small big: Small changes that spark big influence.* New York: Grand Central Publishers

Maslow A. H.(1971). *The farther reaches of human nature.* New York: Viking.

McAllister, D. J. (1995). Affect-and cognition-based trust as foundation for interpersonal cooperation in organizations. *Academy of Management Journal, 38,* 24-36.

McCarthy, D. (1964). Mental fitness. *American Psychologist, 19,* 201-202.

McGuire, W. J. (1969). The nature of attitudes and attitude change. In G. Lindzey & E. Aronson(Eds.), *The handbook of social psychology* (2nd ed., Vol. 3, pp.136−314). Reading, MA: Addison-Wesley.

Mechanic, D. (1999). *Mental health and social policy: The emergence of managed care.* Needham Heights, MA: Allyn & Bacon.

Mete C. (2005). Predictors of elderly mortality: health status, socioeconomic characteristics and social determinants of health. *Health Economy, 14,* 135−48.

Meyerowitz, B. E., & Chaiken, S. (1987). The effect of message framing on breast self-examination attitudes, intentions, and behavior. *Journal of Personality and Social Psychology, 52,* 500−510.

Miceli, M. (1992). How to make someone feel guilty: Strategies of guilt inducement and their goals. *Journal for the Theory of Social Behavior, 22,* 81−104.

Mitchell, T. R., Thompson, L., Peterson, E., & Cronk, R. (1997). Temporal adjustments in the evaluation of events: The "rosy view". Journal of *Experimental Social Psychology, 33,* 421−448.

Newsom, D., Turk, J. V., & Kruckeberg, D. (2004). This is PR: The realities of public relations (8th ed.). Belmont, CA: Wadsworth.

Niaura, R., & Abrams, D. B. (2002). Smoking cessation: Progress, priorities, and prospectus. *Journal of Consulting and Clinical Psychology, 70,* 494−509.

Noland, M. P. (1989). The effects of self-monitoring and reinforcement on exercise adherence. Research *Quarterly for exercise and sport, 60,* 216−224.

Nisbett, R. E. (2003). *The geography of thought: How asians and westerners think differently… and why.* New York: The Free Press.

Norenzayan, A., Smith, E. E., Kim, B. J. & Nisbett, R. E. (2002). Cultural preferences for formal versus intuitive reasoning. *Cognitive Science, 26,* 653−684.

Norman, C. D., & Skinner, H. A. (2006). eHealth literacy: essential skills for consumer health in a networked world. *Journal of Medical Internet Research, 8(2)*, e9. Retrieved from http://www.ncbi.nlm.nih.gov/pmc/articlesPMC1550701/

Nutbeam, D. (2000). Health literacy as a public health goal: A challenge for contemporary health education and communication strategies into the 21st century. *Health Promotion International, 15*, 259-267.

Nutbeam, D., Wise, M., Bauman, A., Harris, E., & Leeder, S. (1993). *Goals and targets for Australia's health in the year 2000 and beyond.* Canberra: Australian Government Publishing Service.

O'Conner B. P., Vallerand R. J. (1998). Psychological adjustment variables as predictors of mortality among nursing home residents. *Psychology of Aging, 13*, 368 - 374.

O'Keefe, D. J., & Jensen, J. D. (2007). The relative persuasiveness of gain-framed and loss-framed messages for encouraging disease prevention behaviors: A meta-analytic review. *Journal of Health Communication, 12*, 623-644.

Orleans, C. T. (2000). Promoting the maintenance of health behavior change: Recommendations for the next generation of research and practice. *Health Psychology, 19*(Suppl. 1), 76-83.

Organization for Economic Cooperation and Development(OECD) (2011). *Health at a Glance 2011: OECD Indicator.*

Ostroff, J. S., Woolverton, K. S., Berry, C., & Lesko, L. M. (1996). Use of the Mental Health Inventory with adolescents: A secondary analysis of the Rand Health Insurance Study. *Psychological Assessment, 8*, 105-107.

Paek, H. J. (2010). An individual difference approach to understanding communication campaign effects: Self-monitoring, perceived message effectiveness, and presumed media influence. *Health Communication Research, 1*, 31-65.

Palmgreen, P., Donohew, L., Lorch, E., Rogus, M., Helm, D., & Grant, N. (1991). Sensation seeking, message sensation value, and drug use as mediators of PSA effectiveness. *Health Communication*, *3*, 217–227.

Parker, R. M., Baker, D. W., Williams, M. V., & Nurss, J. R. (1995). The Test of Functional Health Literacy in Adults: A New Instrument for Measuring Patients' Literacy Skills. *Journal of General Internal Medicine*, *10*, 537–541.

Pasick, R. J. (1997). Socioeconomic and cultural factors in the development and use of theory. In K. Glanz, F. M. Lewis, & B. K. Rimer (Eds.), *Health behavior and health education* (pp. 425–440). San Francisco: Jossey–Bass.

Pasick, R. J., D'Onofrio, C. N., & Otero-Sabogal, R. (1996). Similarities and differences across cultures: Questions to inform a third generation for health promotion research. *Health Education Quarterly*, *23*(Suppl.), 142–161.

Paek, H. J. & Hove, T. (2012). Social cognitive factors and perceived social influences that improve adolescent eHealth literacy. *Health Communication, 27*, 727–737.

Perkins, H. W., & Craig, D. A. (2002). *A multi–faceted social norms approach to reduce high–risk drinking: Lessons from Hobart and William Smith colleges*. Newton, MA: The Higher Education Center for Alcohol and Other Drug Prevention.

Perse, E. M., Nathanson, A. I., & McLeod, D. M. (1996). Effects of spokesperson sex, public service announcement appeal, and involvement on evaluations of safe-sex PASs. *Health Communication, 8*, 171–189.

Peterson, C. (2000). Optimistic explanatory style and health. In J. E. Gillham (Ed), *The Science of Optimism and Hope: Research Essays in Honor of Martin E. P. Seligman* (pp.145–62). Templeton Foundation Press, Philadelphia, PA.

Peterson, C. (2006). *A primer in positive psychology*. New York: Oxford University Press.

Petty, R. E., & Cacioppo, J. T. (1979). Issue involvement can increase or decrease persuasion by enhancing message-relevant cognitive responses. *Journal of Personality and Social Psychology, 37*, 1915−1926.

Petty, R. E., & Wegener, D. T. (1998). Attitude change: Multiple roles for persuasion variables. In D. T. Gilbert, S. T. Fiske, & G. Lindzey (Eds.), *The handbook of social psychology* (4th ed., Vol. 1, pp. 328−390). New York: McGraw-Hill.

Posch, R. (1994). *Maintaining public trust in the virtual organization world.* Direct Marketing, 57, 76−80.

Pssyn, K., & Sujan, M. (2006). Self-accountability emotions and fear appeals: Motivating behavior. *Journal of Consumer Research, 32*, 583−589.

Rashid, T., Anjum, A., & Lennox, C. (2006). *Positive psychotherapy for middle school children.* Unpublished manuscript, Toronto District School Board.

Rahe, R. H. (1970). Prediction of next future health change from subjects preceding life changes. *Journal of Psychosomatic Research. 14*, 401−406.

Rasmussen, H. N., Scheier, M. F., & Greenhouse, J. B. (2009). Optimism and physical health: A meta-analytic review. *Annals of Behavioral Medicine, 37*, 239−256.

Ratzan, S. C., & Parker, R. M. (2000). Introduction. In C. R. Seldin, M. Zorn, S. C. Ratzan, & R. M. Parker(Eds.), *National library of medicine current bibliographies in medicine: Health literacy.* NLM Pub. No. CBM 2000−1 ed. Washington DC: National Institutes of Health, US Department of Health and Human Services.

Redelmeier, D. A., & Kahneman, D. (1996). Patients' memories of painful medical treatments: real-time and retrospective evaluations of two minimally invasive procedures. *Pain, 66*, 3−8.

Redelmeier, D. A., & Shafir, E. (1995). Medical decision making in situations that offer multiple alternatives. *Journal of the American Medical Association, 273*, 302−305.

Reinertsen J. L., Bisognano, M., Pugh, M. D. (2008). *Seven Leadership*

Leverage Points for Organization-Level Improvement in Health Care (Second Edition). Cambridge, Massachusetts: Institute for Healthcare Improvement.

Rogers, E. M. (1995). *Diffusion of Innovations*(4th ed.), New York: Free Press.

Rothman, A. J., Martino, S. C., Bedell, B. T., Detweiler, J. B., & Salovey, P. (2003). The systematic influence of gain—and loss—framed messages on interest in and use of different types of health behavior. P. Salovey, & A. J. Rothman (Eds.), *Social psychology of health* (pp. 286–304). New York: Psychology Press.

Rothman, A. J., & Salovey, P. (1997). Shaping perceptions to motivate healthy behavior: The role of message framing. *Psychological Bulletin, 121*, 3–19.

Rothman, A. J., Salovey, P., Antone, C., Keough, K., & Martin, C. (1993). The influence of message framing on health behavior. *Journal of Experimental Social Psychology, 29*, 408–433.

Rothman, A., Salovey, P., Turvey, C., & Fishkin, S. A. (1993). Attributions of responsibility and persuasion: Increasing mammography utilization among women over 40 with an internally oriented message. *Health Psychology, 12*, 39–47.

Ryff, C. D. & Keyes, C. L. M. (1995). The structure of psychological well—being revisited. *Journal of Personality and Social Psychology, 69*, 719–727.

Ryff, C. D. (1989). Happiness is everything, or is it? Explorations on the meaning of psychological well-being. *Journal of Personality and Social Psychology, 57*, 1069–1081.

Salovey, P., Rothman, A. J., Detweiler, J. B., Steward, W. T. (2000). Emotional states and physical health. *American Psychologist, 55*, 110–121.

Salovey, P., Rothman, A. J., & Rodin, J. (1998). Health behavior. In D. T. Gilbert, S. T. Fiske, & G. Lindzey (Eds.), *The handbook of social psychology* (4th ed., Vol. 2, pp. 633−683). New York: McGraw−Hill.

Scheier, M., Matthews, K. A., Magovern, J., Lefebvre, R., Abbot, R. (1989). Dispositional optimism and recovery from coronary artery bypass surgery: the beneficial effects on physical and psychological well-being. *Personality and Social Psychology, 57*, 1024 − 1040.

Schlinger, M. J. (1976). The role of mass communications in promoting public health. *Advances in Consumer Research, 3*, 302−305.

Schneider, T. R., Salovey, P., Apanovitch, A. M., Pizarro, J., McCarthy, D. Zullo, J., & Rothman, A. (2001). The Effects of Message Framing and Ethnic Targeting on Mammography Use Among Low-Income Women. *Health Psychology, 20*, 256−266.

Schoenbachler, D. D., & Whittler, T. E. (1996). Adolescent processing of social and physical threat communications. *Journal of Advertising, 25(4)*, 37−54.

Schopenhauer, A. (1942). *The complete essays of Schopenhauer* (Trans. T. Bailey Saunders). New York: Wiley.

Seligman, M. E. P. (2002). Positive psychology, positive prevention, and positive therapy. In C. R. Snyder, & S. J. Lopez (Eds), *Handbook of positive psychology* (pp.3−13). New York: Oxford University Press.

Seligman, M. E. P. (2011). *Flourish*. N.Y.: Simon & Schuster.

Seligman, M. E. P., & Csikzentmihalyi, M. (2000). Positive psychology: an introduction. *American Psychologist, 55*, 5−14.

Seligman, M. E. P., Ernst, R. M., Gilham, J., Reivich, K., & Linkins, M. (2009). Positive Education : Positive Psychology and Classroom Interventions. *Oxford Review of Education, 35*, 293−11.

Seligman, M. E. P., Rashid, T., & Parks, A. C. (2006). Positive psychotherapy. *American Psychologist, 61*, 774−778.

Seligman, M. E. P., Steen, T. A., Park, N., & Peterson, C. (2005). Positive psychology progress: Empirical validation of interventions. *American Psychologist, 60*, 410 − 421.

Shen, L. (2011). The effectiveness of empathy-versus fear-arousing antismoking PSAs. *Health Communication, 26*, 404‒415.

Siahpush, M., Spittal, M., & Singh, G. K. (2008). Happiness and life satisfaction prospectively predict self-rated health, physical health, and the presence of limiting, long-term health conditions. *American Journal of Health Promotion, 23*, 18‒26.

Sly, D. F., Trapido, E., & Ray, S. (2002). Evidence of the dose effects of an antitobacco counteradvertising campaign, *Preventive Medicine, 35*, 511‒518.

Smith, S. M., Haugtvedt, C. T., & Petty, R. E. (1994). Attitudes and recycling: Does the measurement of affect enhance behavioral prediction? *Psychology and Marketing, 11*, 359‒374.

Smith, T. W., Orleans, C. T., & Jenkins, C. D. (2004). Prevention and health promotion: Decades of progress, new challenges, and an emerging agenda. *Health Psychology, 23*, 126‒131.

Snyder, M. (1974). Self-monitoring of expressive behavior. *Journal of Personality and Social Psychology, 30,* 526‒537.

Staten, L. K., Birnbaum, A. S., Jobe, J. B., & Elder, J. P. (2006). A typology of middle school girls: audience segmentation related to physical activity. *Health Education & Behavior, 33,* 66‒80.

Sternberg, R. J. (2007). *Wisdom, intelligence, and creativity synthesized.* New York: Cambridge University Press.

Steward W. T., Schneider T. R., Pizarro J., Salovey, P. (2004). Need for cognition moderates responses to framed smoking cessation messages. *Journal of Applied Social Psychology, 19,* 407‒423.

Wilson P. T., & Swets, J. A. (1954). A decision-making theory of visual detection. *Psychological Review, 61(6),* 401‒409.

Thaler, R. H., & Sunstein, C. R. (2008). *Nudge: Improving Decisions about Health, Wealth, and Happiness.* New Haven, CT: Yale University Press.

Taylor, S. E. (1981). The interface of cognitive and social psychology. In J. H. Harvey(Ed.). *Cognition, social behavior, and the environment* (pp.189‒

211). Hillsdale, NJ: Lawrence Erlbaum.

Taylor, S. E., Kemeny, M. E., Reed, G. M., Bower, J. E., & Gruenewald, T. L. (2000). Psychological resources, positive illusions, and health. *American Psychologist, 55*, 99−109.

Toll, B. A., O'Malley, S. S., Katulak, N. A., Wu, R., Dubin, J. A., Latimer, A., ... Salovey, P. (2007). Comparing gain−and loss−framed messages for smoking cessation with sustained-Release bupropion: A randomized controlled trial. *Psychology of Addictive Behaviors, 21*, 534−544.

Tversky, A., & Kahneman, D. (1981). The framing of decisions and the rationality of choice. *Science, 221*, 453−458.

Ugland, J. (1989). Health as a value: Implications for practice. *Professional Psychology: Research and Practice, 20*, 415−416.

U.S. Department of Health and Human Services. (1991). *Healthy people 2000: National health promotion and disease prevention objectives.* Washington, DC: Government Printing Office.

U.S. Department of Health and Human Services (1995). *Mental health: A report of the Surgeon General.* Rockville, MD: Author.

U.S. Department of Health and Human Services. (2000). Healthy People 2010. Washington, DC: US Department of Health and Human Services.

U.S. Department of Health and Human Services. (2010). Healthy People 2020. Washington, DC: US Department of Health and Human Services.

Vaillant, G. E. (1977). *Adaptation to Life*, Cambridge, Mass.: Harvard University Press.

Vaillant, G. E. (1997). *The wisdom of the ego.* Cambridge, MA: Harvard University Press.

Vaillant, G. E. (2002). *Aging well.* Boston: Little, Brown.

Vaillant, G. E. (2008). *Spiritual evolution: A scientific defense of faith.* New York: Broadway Books.

Veit, C., & Ware, J. (1983). The Structure of Psychological Distress and Well-Being in General Populations. *Journal of Consulting and Clinical Psychology, 51(5)*, 730-742.

Veenhoven, R. (2008). Healthy happiness: Effects of happiness on physical health and the consequences for preventive health care. *Journal of Happiness Studies, 9*, 449-469.

Wadden, T. A., Brownell, K. D., & Foster, G. D. (2002). Obesity: Responding to the global epidemic. *Journal of Consulting and Clinical Psychology, 70*, 510-525.

Watson, M., Haviland, J. S., Greer, S., Davidsonm, J., & Bliss, J. M. (1999). Influence of psychological response on survival in breast cancer: A populationbased cohort study. *Lancet. 354(9187)*, 1331-1336.

Watson, D., & Tellegen, A. (1985). Toward a consensual structure of mood. *Psychological Bulletin, 98*, 219-235.

Westerhof, G. J., & Keyes, C. L. M. (2010). Mental illness and mental health: The two continua model across the lifespan. *Journal of Adult Development, 17*, 110-119.

Williams, P. G., Holmbeck, G. N., & Greenley, R. N. (2002). Adolescent health psychology, *Journal of Consulting and Clinical Psychology, 70*, 828-842.

Williams-Piehota P, Pizarro J, Schneider TR, Mowad L, Salovey P. (2005). Matching health messages to monitor-blunter coping styles to motivate screening mammography. *Health Psychology, 24*, 58-67.

Wingard, D. L. (1982). The sex differential in mortality rates. American *Journal of Epidemiology, 115*, 205-216.

Wirtz, D., Kruger, J., Scollon, C. N., & Diener, E. (2003). What to do on spring break? The role of predicted, on-line, and remembered experience in future choice. *Psychological Science, 14*, 520-524.

Wiseman, L., & McKeown, G. (2010). *Multipliers: How the best leaders make everyone smarter.* New York: Harper Business.

Wiseman, L., Allen, L. N., & Foster, E. (2013). *The multiplier effect:*

Tapping the genius inside our schools. London: Sage Publication.

World Health Organization (1998). *Life in the 21st Century: A Vision for All.* Geneva.

World Health Organization (2001). *Basic documents,* 43rd ed. Geneva.

Yoshida, T., Kojo, K., & Kaku, H. (1982). A study on the development of self-presentation in children. *Japanese Journal of Educational Psychology, 30,* 30 – 37.

Zarcadoolas, C., Pleasant, A. & Greer, D. S. (2006). *Advancing health literacy: A framework for understanding and action.* San Francisco, CA: Jossey-Bass.

Zuckerman, M. (1994). *Behavioral Expressions and Biosocial Bases of Sensation Seeking.* New York, NY: Cambridge University of Press.

찾아보기